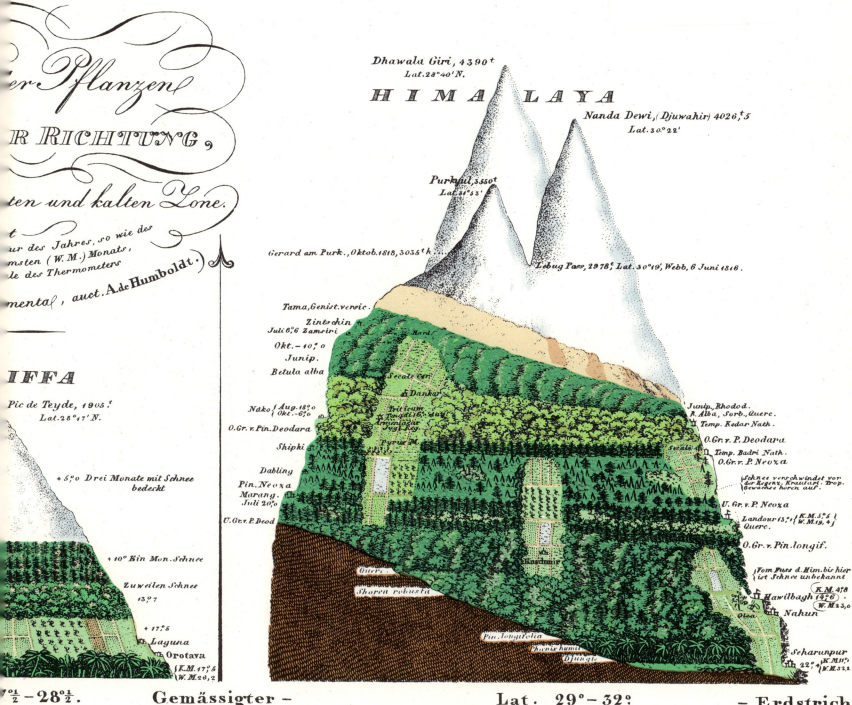

er Pflanzen

R RICHTUNG,

ten und kalten Zone.

t
ur des Jahres, so wie des
msten (W.M.) Monats,
le des Thermometers

mental, auct. A. de Humboldt.)

IFFA

Pic de Teyde, 1905.!
Lat. 28°17' N.

+ 5°0 Drei Monate mit Schnee
bedeckt

+ 10° Ein Mon. Schnee

Zuweilen Schnee
13°7

+ 17°5

Laguna
Orotava
{ K.M. 17,5
{ W.M. 28,2

7°½ – 28°½.   **Gemässigter –**
Smith.)

HIMALAYA

Dhawalu Giri, 4390.!
Lat. 28°40' N.

Nanda Dewi, (Djuwahir) 4026,!5
Lat. 30°22'

Purkul, 3550.!
Lat. 31°53'

Gerard am Purk., Oktob. 1818, 3035.! h

Lebug Pass, 2978.! Lat. 30°19', Webb, 6 Juni 1816.

Tama, Genist. vervic.
Zintschin
Juli 6°6 Zamsiri
Okt. – 10°0
Junip.
Betula alba

Harri

Secale cer.
Dankar
Nako { Aug. 18°0
{ Okt. – 6°0
Triticum
Tenadi 16°Aug.
Irmeniach
Jagt Reg.
O.Gr. v. Pin. Deodara
Pyrus M.
Shipki

Junip., Rhodod.
P. Alba, Sorb., Querc.
Temp. Kedar Nath.
O.Gr. v. P. Deodara
Secale
Temp. Badri Nath.
O.Gr. v. P. Neoxa

Dabling
Pin. Neoxa
Marang.
Juli 20°0
U.Gr. v. P. Deod.

{ Schnee verschwindet vor
{ der Regenz. Krautart. Trop.
{ Gewächse hören auf.
U. Gr. v. P. Neoxa
Landour 13°1 { K.M. 5°5
{ W.M. 19,4
Querc.
O.Gr. v. Pin. longif.

Kaschmir

{ Vom Pass d. Him. bis hier
{ ist Schnee unbekannt
Querc.
Shorea robusta
Hawilbagh 14°6 { K.M. 4°8
{ W.M. 23,0
Olea
Nahun
Pin. longifolia
Phœnix humil.
Djungle
Seharunpur
22°4 { K.M. 11°
{ W.M. 32,1

Lat. 29° – 32°   **– Erdstrich**
(Herbert, Gerard, Wallich, Govan, Royle.)

Seltsames aus dem Reich der Pflanzen

Reinhardt Höhn
unter Mitarbeit von Dr. Johannes Petermann

Seltsames aus dem Reich der Pflanzen

Reich Verlag Luzern

Vor- und Nachsatz: «Die Verbreitung der Pflanzen»
aus: Berghaus: Physikalischer Atlas, Gotha 1845
Reproduktionen im Text, soweit nicht anders vermerkt,
aus: Leonard Fuchs: Newes Kreüterbuch, Basel 1543
Gestaltung: Walter Schiller, Altenburg
Zeichnungen: Klaus Bethge, Berlin
Copyright © 1976 by Edition Leipzig
Copyright © 1977 der Lizenzausgabe für das Vertriebsgebiet Schweiz,
Österreich, Bundesrepublik Deutschland und Berlin (West) by Reich
Verlag AG, Luzern.
Alle Rechte vorbehalten.
ISBN 3-7243-0136-7
Lichtsatz: INTERDRUCK Graphischer Großbetrieb Leipzig
Druck und Bindearbeiten: Graphische Werke Zwickau
Printed in the German Democratic Republic

Inhaltsverzeichnis

Zum Geleit

Nachdem Alexander von Humboldt 1804 von seiner langen Reise in die «Aequinoctialgegenden der Neuen Welt» zurückgekehrt war und seine Ergebnisse publiziert hatte, waren seine Zeitgenossen von seinem «Naturgemälde der Tropenländer» (1807) genau so fasziniert und begeistert wie v. Humboldt selbst, von den merkwürdigen und seltsamen Pflanzengestalten, von den «Kaktusformen», den «Tonnenbäumen», den «Mimosenfarnen» u. v. a., die er auf seinen Reisen gesehen hatte und die bis dahin in Europa nicht bekannt waren. Humboldt erkannte bereits sehr klar, daß «alle tierische und vegetabilische Gestaltung an feste, ewig wirkende Typen gebunden sind, die in jeder Zone die Physiognomie der Natur bestimmen». Aus diesem Grunde beginnt der Autor sein vorliegendes Buch auch mit den Lebensräumen der «seltsamen Pflanzen», dem tropischen Regenwald, den Wüsten und Halbwüsten, dem urweltlichen Madagaskar und den Grenzgebieten pflanzlichen Lebens.

Wenngleich auch von den Baumriesen, von tausendjährigen Pflanzen und anderen Seltenheiten gesprochen wird, so kommt es dem Autor weniger darauf an, die auch dem Laien und Nichtbotaniker auffallenden und ins Auge springenden Seltsamkeiten pflanzlicher Gestaltung in Wort und Bild vorzustellen, sondern er ist vielmehr darauf bedacht, auf jene weniger auffälligen Besonderheiten hinzuweisen, an denen der Laie normalerweise achtlos vorübergeht, wenn er nicht besonders darauf hingewiesen wird. So werden u. a. interessante Bestäubungsmechanismen, Öffnungszeiten verschiedener Blüten, die Linnésche Blumenuhr, Kolibris und Fledermäuse als Bestäuber, ökologisch und physiologisch spezialisierte Pflanzengruppen wie Epiphyten, Salzpflanzen, wurzellose Pflanzen, Parasiten und Saprophyten, aber auch Zauber-, Hexen- und Giftpflanzen an ausgewählten Beispielen in Wort und Bild vorgestellt. Letztlich wird im «Steinernen Buch der Natur» gezeigt, daß das heutige Pflanzenkleid das Ergebnis einer viele Millionen Jahre währenden Entwicklung ist.

Ganz gleich auf welcher Seite man das vorliegende Werk aufschlägt, überall wird der Leser auf «Seltsames im Reich der Pflanzen» hingewiesen.

Text und Bilder sprechen nicht allein den Fach-, sondern vor allem den Liebhaberbotaniker an, um ihm für seine eigenen Streifzüge durch die Natur wertvolle Hinweise zu geben, um all das Seltsame selbst zu erleben.

Professor Dr. Werner Rauh, Heidelberg

«Wenn ein aus Europa angekommener Reisender zum ersten Mal die Wälder Südamerikas betritt, so hat er ein ganz unerwartetes Naturbild vor sich. Alles, was er sieht, erinnert nur entfernt an die Schilderungen, die berühmte Schriftsteller an den Ufern des Mississippi, in Florida und in anderen gemäßigten Ländern der Neuen Welt entworfen haben. Bei jedem Schritt fühlt er, daß er sich nicht an den Grenzen der heißen Zone befindet, sondern mitten darin, nicht auf einer Antillen-Insel, sondern auf einem gewaltigen Kontinent, wo alles riesenhaft ist: Berge, Ströme und Pflanzenmassen. Hat er Sinn für landschaftliche Schönheit, so weiß er sich von seinen mannigfaltigen Empfindungen kaum Rechenschaft zu geben. Er weiß nicht zu sagen, was mehr sein Staunen erregt, die feierliche Stille der Einsamkeit oder die Schönheit der einzelnen Gestalten und ihre Kontraste oder die Kraft und Fülle des pflanzlichen Lebens. Es ist, als hätte der mit Gewächsen überladene Boden gar nicht Raum genug zu ihrer Entwicklung. Überall verstecken sich die Baumstämme hinter einem grünen Teppich. Wollte man all die Orchideen, die Pfeffer- und Pothos-Arten, die auf einem einzigen Heuschrekkenbaum oder amerikanischen Feigenbaum *(Ficus gigantea)* wachsen, sorgsam verpflanzen, so würde ein ganzes Stück Land damit bedeckt. Durch diese wunderliche Aufeinanderhäufung erweitern die Wälder wie Fels- und Gebirgswände das Bereich der organischen Natur. Dieselben Lianen, die am Boden kriechen, klettern zu den Baumwipfeln empor und schwingen sich, mehr als dreißig Meter hoch, von einem zum anderen. Da sich die Schmarotzergewächse überall durcheinander wirren, läuft der Botaniker Gefahr, Blüten, Früchte und Laub zu verwechseln, die verschiedenen Arten angehören. Wir wanderten einige Stunden im Schatten dieser Wölbungen, durch die man kaum hin und wieder blauen Himmel sieht. Ein schmaler Fußpfad führt vom Waldrande auf mehreren Umwegen in offenes, aber ausnehmend feuchtes Land. Unter dem gemäßigten Himmelsstrich hätten unter solchen Umständen Gräser und Riedgräser einen weiten Wiesenteppich gebildet. Hier wimmelt der Boden von Wasserpflanzen mit pfeilförmigen Blättern, besonders von Canna-Arten. Diese saftigen Gewächse werden zwei bis drei Meter hoch, und wo sie dicht beisammenstehen, können sie in Europa für kleine Wälder gelten. Das herrliche Bild eines Wiesengrundes und eines mit Blumen durchwirkten Rasens ist den niederen Landstrichen der heißen Zone ganz fremd, und man findet es nur auf den Hochebenen der Anden wieder.»

Diese eindrucksvolle Naturbeschreibung entstand am Anfang des vorigen Jahrhunderts. Ihr Verfasser ist einer der Begründer der Pflanzengeographie, der berühmte Wissenschaftler Alexander von Humboldt (1769–1859). In seinem dreißig Bände umfassenden Werk «Reise in die Aequinoctialgegenden des neuen Continents», an dem unter anderem auch so bedeutende Gelehrte wie Bonpland, Cuvier, Valenciennes, Oltmanns und Kunth mitwirkten, hat er umfangreiches Material über Süd- und Mittelamerika veröffentlicht, darunter vieles über die dortige Pflanzenwelt.

In mehreren anderen Arbeiten, darunter in seinen «Ideen zu einer Geographie der Pflanzen» (1807), versuchte Humboldt, seinen Lesern nicht nur die Flora und Vegetation fremder Länder zu zeigen, sondern auch die Ursachen für die unterschiedliche Pflanzenwelt in den einzelnen Gebieten zu erläutern. Er fand damals ein aufgeschlossenes und staunendes Publikum. Heute ist es für uns selbstverständlich, daß in den verschiedenen geographischen Breiten unterschiedliche Pflanzen wachsen, daß in der Wüste Sahara keine tropischen Lianen und im tropischen Regenwald keine Fichten zu finden sind. Aber immer wieder versetzt uns die Mannigfaltigkeit der einzelnen pflanzengeographischen Gebiete in Erstaunen. Aus diesem Grunde wollen wir am Anfang unseres Buches einige ausgewählte interessante pflanzengeographische Einheiten betrachten, ohne Vollständigkeit anstreben zu wollen.

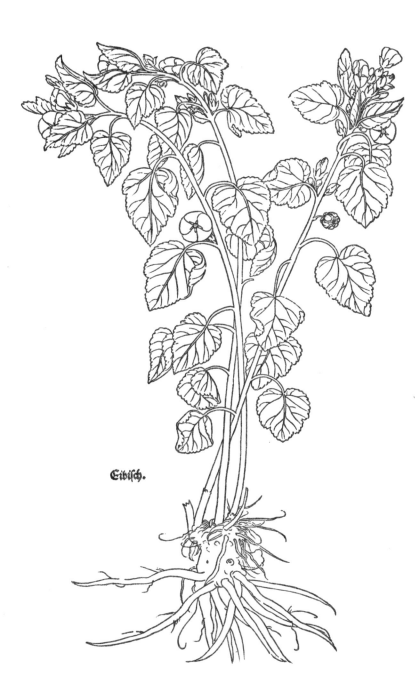

Eibisch.

Die üppigste Vegetation auf der gesamten Erde finden wir im tropischen Regenwald (Abb. 1). Dieses feuchtheiße Vegetationsgebiet beschränkt sich im wesentlichen auf die äquatoriale Klimazone, die von 10 Grad südlicher Breite bis 10 Grad nördlicher Breite reicht. Der tropische Regenwald erstreckt sich vor allem mit einem großen geschlossenen Gebiet vom Amazonasbecken bis zum Ostabhang der Anden in Süd- und Mittelamerika, auf das indomalaiische Gebiet, in Westafrika auf das Kongobecken und die Küstengebiete am Golf von Guinea sowie auf kleinere zerstreute Bereiche an den regenreichen Hängen in Ostbrasilien, in Nordostaustralien, in Indien und in Ostafrika. In allen diesen Gebieten ist es bei außerordentlich hohen Niederschlägen das ganze Jahr über gleichmäßig warm. Niemals sinkt die Temperatur unter $+18\,°C$ ab. Sie schwankt zwar leicht in Abhängigkeit von der Tageszeit, aber nicht von der Jahreszeit. Die Spitzenwerte der Niederschläge erreichen in einigen Gebieten jährlich mehr als 10 000 mm, liegen aber oft auch weit darunter. Allerdings nicht so niedrig wie in Mitteleuropa, wo sie in Abhängigkeit von der Gegend zwischen 500 und 1000 mm im Mittelwert schwanken. Wärme und Feuchtigkeit haben nun zur Entwicklung einer Vegetation beigetragen, die durch eine Fülle von hohen Bäumen charakterisiert ist und in der Baumriesen von 40 und 50 m Höhe keine Seltenheit darstellen. In Wuchsform und Lebensweise unterscheiden sich diese Bäume jedoch deutlich von jenen in den Wäldern der gemäßigten Breiten. Auffällig sind die relativ kleinen Kronen sowie die großen, derben, oft lederartigen immergrünen Blätter, die meistens eine sogenannte Träufelspitze haben.

Nie sehen wir den tropischen Regenwald kahl, aber auch nicht im frischen Grün, wie es im zeitigen Frühjahr in den Laubwäldern der nördlichen Halbkugel vorherrscht. Immer ist der Wald gleichmäßig grün, denn die Lauberneuerung ist unabhängig von der Jahreszeit und deshalb unregelmäßig. Infolge des Fehlens von starken jahreszeitlichen Temperatur- und Niederschlagsschwankungen wachsen die Bäume gleichmäßig während des gesamten Jahres in Höhe und Dicke, so daß in ihren Stämmen keine Jahresringe wie bei den Bäumen der gemäßigten Breiten auftreten.

Die Nährstoffe sind in den Böden des tropischen Regenwaldes nur in den oberen Schichten konzentriert. Aus diesem Grunde bilden selbst die größten Bäume ein relativ flaches Wurzelsystem aus, das ihnen andererseits aber keinen festen Halt gewähren kann. Die Bäume passen sich diesen Umweltbedingungen an und

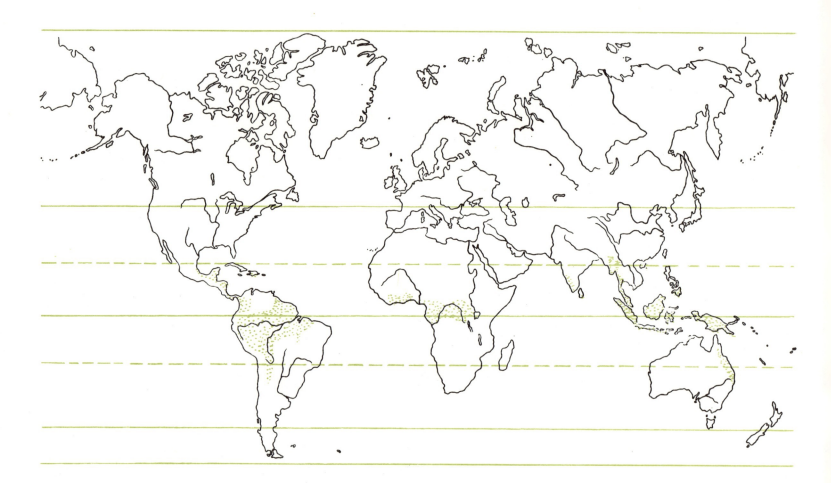

bilden oft riesige Brettwurzeln aus, wie wir sie bei *Coussapoa dealbata* erkennen (Abb. 2).

Die Bestäubung übernehmen fast ausschließlich Tiere, Insekten, aber vor allem auch Vögel und Fledermäuse, weil bei der ständigen Belaubung der Bäume eine Windbestäubung kaum Aussicht auf Erfolg hätte. So sind die Blüten oft groß und prächtig gefärbt.

Bei zahlreichen Tropenbäumen liegen die Blütenknospen bis kurz vor dem Öffnen in den geschlossenen Kelchen im Wasser, wie das beim westafrikanischen Tulpenbaum *(Spathodea campanulata)* der Fall ist (Abb. 3). Die Ursachen dafür sind allerdings noch nicht eindeutig bekannt.

Bei manchen Bäumen brechen die Blüten an den blattlosen Stämmen und an alten Ästen hervor. Diese botanische Eigenart, die man Stammblütigkeit oder Kauliflorie nennt, hängt mit der Bestäubung der Blüten durch Fledermäuse und mit der Verbreitung der Samen durch Flughunde zusammen. Die Tiere kommen an die Stämme viel leichter heran als in die dichten Kronen der Tropenbäume. Ein typisches Beispiel für die Stammblütigkeit ist der Kakaobaum *(Theobroma cacao)* mit seinen kleinen rosaroten Blüten (Abb. 4). Innerhalb eines Jahres «liefert» ein Kakaobaum bis zu 100 000 Blüten, aber nur ein kleiner Bruchteil — etwa 5 Prozent — davon wird befruchtet. Durch Blütenfall und vorzeitiges Absterben junger Früchte geht der Anteil reifer Früchte sogar bis auf 0,5 Prozent zurück. Die Früchte werden allgemein als Schoten bezeichnet. Botanisch handelt es sich aber um Beeren mit zwanzig bis vierzig Samen, die von einem süß-säuerlichen Fruchtfleisch (Pulpa) umgeben sind. Die Frucht wird bis zu 30 cm lang, hat einen Durchmesser von 5 bis 10 cm und kann bis zu 500 g schwer werden. Die eiweiß- und ölreichen Samen, die Kakaobohnen, werden fermentiert, getrocknet, geschält und zerrieben. Aus der Kakaomasse wird das Fett, die Kakaobutter, abgepreßt, die Rückstände kommen als Kakaopulver in den Handel. In dem Kakaopulver ist das anregend wirkende Alkaloid Theobromin enthalten. In manchen Gegenden wurden Kakaobohnen sogar als Zahlungsmittel benutzt.

Obwohl die Kronen der Bäume in den tropischen Regenwäldern relativ klein sind, bilden sie doch ein ziemlich dichtes Dach, so daß nur wenig Licht durch sie hindurchdringen kann. Das hat Einfluß auf die tieferliegenden Pflanzenschichten.

Die Strauchschicht ist in diesen Wäldern noch einigermaßen entwickelt. Sie besteht vor allem aus dem Jungwuchs der Bäume und hohen bis sehr hohen Stauden. Stärker als auf die Strauch-schicht wirkt sich das mangelnde Licht auf die Bodenschicht aus, in der grüne Pflanzen nur an Stellen zu finden sind, wo noch genügend Licht auf den Boden fällt. Einige Pflanzen haben sich auch der geringen Lichtintensität angepaßt, indem sie wenig atmen und dadurch eine ausgeglichene Stoffbilanz haben, bei der sich ein geringer Stoffaufbau und ein geringer Stoffabbau die Waage halten. Beispiele dafür sind die auch als Zimmerpflanzen bekannten Zierweinarten *(Cissus)*, die noch in verhältnismäßig dunklen Zimmern gedeihen können.

Häufig wachsen in der Bodenschicht der tropischen Regenwälder Pilze sowie parasitisch und saprophytisch lebende höhere Pflanzen. Als besondere Anpassung an die Lichtverhältnisse in den Wäldern haben sich zahlreiche Lianen und Epiphyten entwickelt, auf die aber an anderer Stelle in diesem Buch noch ausführlicher eingegangen werden soll.

Auffällig im tropischen Regenwald ist auch der Artenreichtum. So konnten zum Beispiel auf einem Hektar über einhundert verschiedene Arten gezählt werden.

Trotz dieses Artenreichtums sind für die einzelnen geographischen Gebiete des tropischen Regenwaldes bestimmte Arten oder Pflanzengruppen charakteristisch. In den südamerikanischen Wäldern sind das der Parakautschukbaum *(Hevea brasiliensis)*, der Paranußbaum *(Bertholletia excelsa)*, die «königliche» Seerose *Victoria amazonica* sowie viele Bromelien und zahlreiche Orchideen, darunter auch die häufig in Gewächshäusern gezogene farbenprächtige, duftende Gattung *Cattleya*.

Typische Pflanzen des afrikanischen Regenwaldes sind die Ölpalme *(Elaeis guineensis)* und die Kautschukliane *(Landolphia)*. Die asiatischen Gebiete des tropischen Regenwaldes enthalten als charakteristische Arten Vertreter der Sagopalmen (Gattung *Metroxylon),* die Rotangpalme *(Calamus),* auf die wir noch zu sprechen kommen werden, typische Orchideengattungen, darunter *Dendrobium* und *Canna,* sowie die Kannenpflanzen, die uns auch noch beschäftigen werden.

Wüsten und Halbwüsten

Im krassen Gegensatz zu den tropischen Regenwäldern stehen die Wüsten und Halbwüsten. Hohe Wärme das ganze Jahr hindurch bei geringen Niederschlägen haben in diesen Gebieten der Subtropenzone zur Bildung eigenartiger Pflanzengestalten geführt. Besonders im Bereich der Wendekreise sind diese ariden Gebiete stark ausgeprägt. In den Halbwüsten ist die Vegetation so aufgelockert, daß der größte Teil der Bodenoberfläche nicht von Pflanzen bedeckt wird. Nahezu vollständig vegetationslos ist über längere Zeit des Jahres die Oberfläche des Bodens in den eigentlichen Wüsten. Die Niederschläge fallen unregelmäßig und erreichen weniger als 200 mm im Jahr. Infolge der äußerst geringen Wolkenbildung sind starke Temperaturunterschiede zwischen Tag und Nacht festzustellen. Temperaturschwankungen von 40 bis 50 °C stellen keine Seltenheit dar.

Durch vielfältige und besondere Formen haben sich die Pflanzen an diese extremen Umweltbedingungen angepaßt. Ein Teil der Pflanzen ist sehr kurzlebig und nutzt die kurzen Zeiten, in denen Wasser vorhanden ist, zum Wachsen, Blühen und zur Samenbildung aus. Die Samen bleiben dann über längere Zeit fruchtbar im Boden liegen. Andere Pflanzen überdauern die langen Trockenzeiten im Boden als Knollen oder Zwiebeln, wieder andere sind kaum belaubte Büsche, die sogenannten Rutensträucher.

Am auffälligsten in den Trockengebieten sind aber die Sukkulenten. Diese Gewächse können Wasser in Blättern, Stengeln oder Wurzeln speichern. Dadurch vermögen die Pflanzen längere Trockenzeiten zu überstehen. Die Stammsukkulenten sind vielfach blattlos. Urweltlich muten solche Gewächse an, die reglos in den öden und trockenen Gebieten seit Jahrhunderten stehen. Zu den bekanntesten Sukkulenten gehören die Kakteen, die vorwiegend in Mittel- und Südamerika vorkommen, sowie die Wolfsmilchgewächse (Euphorbiaceae) und die Dickblattgewächse (Crassulaceae), die vor allem in Afrika wachsen.

Das größte Wüstenareal der Erde ist die Sahara in Nordafrika mit rund 9 Millionen Quadratkilometern Fläche. Die jährlichen Niederschläge liegen unter 50 mm. Die Vegetation ist karg und öde, und weite Strecken sind nur vom Wüstensand bedeckt. Nur an Orten mit hohem Grundwasserspiegel oder an Quellen entstanden Oasen mit einer allerdings recht reichen Vegetation. Der wichtigste Baum ist die Dattelpalme *(Phoenix dactylifera)*, die in diesen Gebieten als Nahrungsmittel, Viehfutter, Baumaterial usw. genutzt wird (Abb. 5).

Extrem arid ist auch die Namibwüste an der Küste von Südwestafrika. Hier und in den anschließenden Halbwüstengebieten der Kalahari und der Karroo wachsen sehr merkwürdige Pflanzen. Die berühmteste Pflanze der Namib ist die Wunderpflanze *(Welwitschia mirabilis)* (Abb. 6). Wie ein Vertreter vorweltlicher Floren mutet dieses seltsame Gewächs an. Der dicke rutenförmige Stamm dringt tief in den Erdboden hinein. Der holzige oberirdische Teil ähnelt einem großen Trichter und hat einen gespaltenen Rand. Diese mit Kork umkleidete Stammscheibe saugt das Niederschlagswasser auf wie ein Schwamm. Die Pflanze entwickelt während ihres gesamten Lebens nur zwei lederartige, blaugrüne Blätter, die in Länge und Breite vom Grunde her ständig weiterwachsen und an der Spitze absterben. Die rutenförmige Wurzel wird 1 bis 1,5 m lang und entnimmt das Wasser den tieferen Bodenschichten, während ein Seitenwurzelsystem in geringerer Tiefe das seltene Niederschlagswasser sofort aufsaugt.

Welwitschia mirabilis ist aber nicht nur wegen der Anpassung an die Umweltverhältnisse von besonderem Interesse, sondern auch deshalb, weil sie verwandtschaftlich im Pflanzenreich weitgehend isoliert ist. Sie ist der Rest eines Entwicklungszweiges, der morphologisch zwischen den Nacktsamern (Gymnospermen) und den Bedecktsamern (Angiospermen) steht. Heute besiedelt die Wunderpflanze nur einen schmalen Streifen der Namib in etwa 50 km Entfernung von der Küste. Die Pflanzen können über einhundert Jahre alt werden. An einem Exemplar stellte man ein Alter von über fünfhundert Jahren fest. Diese Fähigkeit hat dazu beigetragen, daß Welwitschia noch nicht ausgestorben ist, denn die Verjüngung geschieht nur sehr schwach. Wegen ihrer besonderen systematischen Stellung und der isolierten geographischen Verbreitung stehen die wenigen noch vorkommenden Pflanzen seit Anfang des 20. Jahrhunderts unter strengem Naturschutz.

Mit einem Gestrüpp langer Triebe, die keine Blätter, aber grüne Dornen tragen, überzieht der Narakürbis *(Acanthosicyos horridus)* die Sanddünen in der Namib (Abb. 8). Seiner Wasserversorgung dienen die bis 15 m langen armdicken Wurzeln.

Mit den verschiedensten Formen sind in der Namib auch die Sukkulenten vertreten. Neben baumförmigen *Aloe*-Arten *(Aloe dichotoma, Aloe pillandsii)* sind andere große unförmige Stammsukkulenten der Gattung *Pachypodium* zu finden. *Pachypodium namaquanum* ist die Charakterpflanze felsiger Quarzithänge (Abb. 11). Sie bildet 2 bis 3 m hohe Säulen, die am oberen Ende einen kleinen Schopf behaarter und stark gewellter Blätter tragen. Eigenartig ist, daß sich dieser Blattscheitel stets nach Nor-

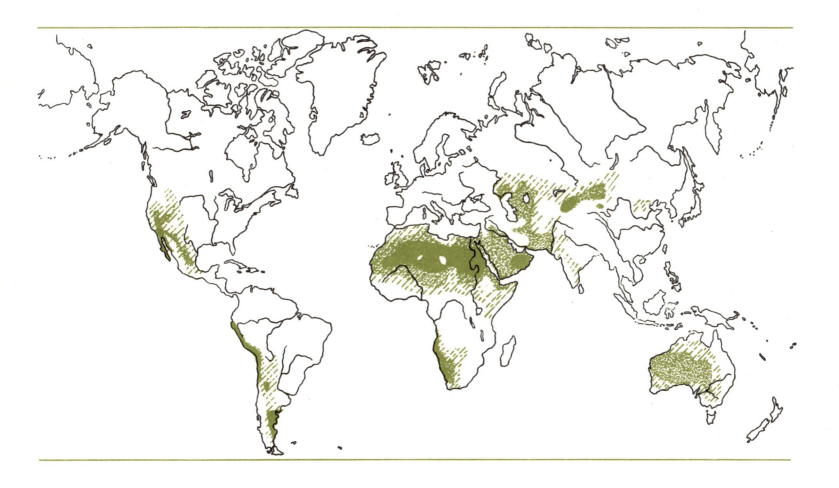

den richtet. Zwischen den Blättern sitzen die kleinen samtigen rötlich-braunen Blüten. Trockenste Gebiete im südlichen Afrika besiedelt die hochsukkulente *Hoodia bainii* (Abb. 7). Die reich buschig verzweigte Pflanze wird 10 bis 40 cm hoch und bildet graugrüne und stark gerippte Triebe. Die auffallenden Blüten sind schüsselförmig und sehr groß, sie variieren von gelb über rot bis purpurfarben.

Auffallende Sukkulenten sind auch die Angehörigen der Gattung *Huernia*. Aasgeruch entströmt den auf südafrikanischem Wüstensand liegenden Blüten von *Huernia zebrina* (Abb. 9). Die Blüten sind oft größer als die ganze Pflanze. Der stark aufgewölbte Ring in der Blütenmitte gleicht einem «Schokoladenriegel». Bei der Stachelschweinhuernia *(Huernia hystrix)* fallen die schwefelgelb und mit zahlreichen roten Flecken und Bändern versehenen Blüten auf (Abb. 10). Interessant sind die fleischigen, stachelartigen Papillen, die zahlreich auf der gesamten Blüte vorkommen und eine gewisse Ähnlichkeit mit dem Kleid eines Stachelschweines haben. Das größte Wunder in diesen Trockengebieten stellen aber die «blühenden Steine» dar. Diese meist kugeligen oder eckigen steinähnlichen und oft nur aus einem Blattpaar bestehenden Gebilde sind einzigartig in der Pflanzenwelt. Zwischen runden Kieselsteinen und eckigen Felsbrocken wachsen diese Pflanzenwunder. Sie sind in Form und Farbe der Umwelt so angepaßt, daß man sie nicht von den umliegenden Steinen unterscheiden kann (Abb. 12). Nur wenn sie ihre schönen, farbenprächtigen Blüten öffnen, heben sie sich vom steinigen Boden ab (Abb. 13). Diese Tarnung gegen Tierfraß — man nennt das Mimikry — hat sich im Laufe von Jahrtausenden herausgebildet. Die «lebenden Steine» gehören verschiedenen Gattungen an, vorwiegend den *Lithops*-Arten, aber auch Pflanzen der Gattungen *Conophytum, Gibbaeum, Fenestraria, Pleiospilos* und *Titanopsis* bilden diese Mimikryformen aus (Abb. 14). Viele Pflanzen besitzen auf der Oberfläche punktartige Augen, die wie Fenster wirken. Es handelt sich um Lichtschächte, die einen Lichteinfall bis tief in das Wassergewebe möglich machen. Durch sie kann die Pflanze auf einer größeren Fläche assimilieren, obwohl die Außenfläche sehr klein gehalten wird. Die Blüten sind meist von außergewöhnlicher Schönheit. Sie leuchten in kräftigen Farben und bedecken in vielen Fällen den gesamten Pflanzenkörper. Die kleinsten Pflanzen haben oft die größten Blüten. Wahre Kunstwerke der Natur sind die verholzenden Früchte mit ihren einzelnen Kammern. Bei Beginn der Regenperiode öffnen sich durch eine Quellvorrichtung die Dek-

kel der Kammern, und die aufprallenden Regentropfen schleudern die Samenkörner aus den Fruchtkammern auf den Wüstensand.

Durch völlig andere Pflanzen sind die trockenen Gebiete im Osten Afrikas charakterisiert. Im wahrscheinlich trockensten Gebiet in der Nähe des Äquators, in Ostafrika zwischen dem Pare- und dem Usambaragebirge, wachsen bei einer Jahresdurchschnittstemperatur von +28 °C, bei Bodentemperaturen in 40 cm Tiefe von +30 °C und bei jährlichen Niederschlägen von 100 bis 200 mm merkwürdige Sukkulenten. Die Wüstenrose *(Adenium obesum)* blüht im blattlosen Zustand mit großen rosaroten Blüten. Der sehr dicke fleischige Stamm dreht sich beim Weiterwachsen und sieht im Alter unförmig aus. Aus dem Milchsaft wird ein starkes Pfeilgift hergestellt.

Die Trockensavannen sind von xerophytischen Gräsern bedeckt, unter denen das hohe Elefantengras *(Pennisetum benthami)* die dominierende Rolle spielt. In diesen Gebieten kommen auch echte Bäume vor, z. B. die Schirmakazie *(Acacia spirocarpa)* und die Tamarinde *(Tamarindus indica)*. Mit ihren gewaltigen und dicken Stämmen sind die Baobab oder Affenbrotbäume *(Adansonia digitata)* die Riesen unter den Pflanzen. Diese Bäume sind die Charakterpflanzen der ostafrikanischen Dornsavanne.

An langen Stielen hängen die Früchte des Leberwurstbaumes *(Kigelia pinnata)* in der ostafrikanischen Dornsavanne (Abb. 19). Die an diesen langen Trieben erscheinenden Blüten werden von den Fledermäusen, die die Bestäubung vornehmen, viel leichter erreicht, als wenn sie in der dichten Baumkrone versteckt wären. Charakteristisch für die Wüstengebiete in Nord-, Mittel- und Südamerika sind die vielgestaltigen und formenreichen Kakteen. Sie wachsen in Polstern von kaum 5 cm Höhe, bilden Kugeln oder ragen als Säulen weit in den blauen Himmel (Abb. 16).

Wenn von Riesenkakteen die Rede ist, werden fast immer die Saguarokakteen *(Carnegia gigantea)* genannt, die zumindest in den USA als die größten anzusehen sind (Abb. 20). Diese ungewöhnlich imposanten Pflanzengestalten besiedeln in den Vereinigten Staaten ein Naturschutzgebiet von beträchtlichen Ausmaßen, wo sie durch strenge Bestimmungen geschützt sind, um einer Dezimierung bzw. Ausrottung der Bestände vorzubeugen. Ihr natürliches Siedlungsgebiet umfaßt ausgedehnte Halbwüsten im Süden Arizonas und in Südostkalifornien sowie im nördlichen Mexiko die Sonorawüste. Sie erreichen 10 bis 12 m Höhe und bis zu 65 cm Stammdurchmesser. Im fortgeschrittenen Stadium verzweigen sie sich kandelaberartig, daher nennt man sie auch Kandelaberkakteen. Ihre meist fünf bis sechs armleuchterförmig parallel aufsteigenden Äste beginnen aber erst bei 5 bis 8 m Höhe. Das Alter dieser 6 bis 8 Tonnen schweren Riesenexemplare geht in die Jahrhunderte, denn sie erreichen in dreißig bis fünfzig Jahren durchschnittlich 1 m Höhe, wie das Wüstenlaboratorium in Tucson während jahrzehntelanger Beobachtungen ermitteln konnte. Erst mit mehreren Metern Höhe werden die Kakteen fortpflanzungsfähig. Die Blüten erscheinen recht zahlreich in Gipfelnähe der Triebe. Als Bestäuber wirken mehrere Bienenarten. Die in der Vollreife 6 bis 9 cm langen, von roter Pulpa und schwärzlichen Samen angefüllten Früchte werden von den Papagoindianern, deren Reservat auch innerhalb des Naturschutzgebiets liegt, gesammelt und roh oder getrocknet gegessen. Der größte Teil der Früchte wird allerdings von Vögeln verzehrt. Eine Pflanze kann jährlich bis zweihundert Früchte mit jeweils etwa tausend Samen hervorbringen, die in zwei bis vier Wochen noch vor der Sommerregenzeit reifen, also vor der Hauptwachstumszeit, die vom Juli bis zum September dauert. Besonders auffällig ist bei *Carnegia gigantea* die Neigung zu Triebverkrümmungen, bei denen durch Hinabneigen und nachfolgendes Wiederaufrichten einzelner Triebe die Pflanzen eine absonderliche Gestalt erhalten. Daneben kommt es auch, meist erst im vorgeschrittenen Alter, zu kammähnlichen Verbindungen verschiedener Triebe, zu sogenannten Christata-Formen. Interessant ist außerdem noch, daß die Kakteenwurzeln nicht tief in die Erde dringen. Sie breiten sich seitlich weit aus und können so eine große Menge des Niederschlagswassers aufnehmen. Die Seitenwurzeln von *Carnegia gigantea* streichen bis zu 30 m nach allen Seiten aus. Sobald die Erde befeuchtet wird, bilden sie innerhalb von 24 Stunden feine Saugwurzeln, die das Wasser aufnehmen. Sie sind in der Lage, Wassermengen von 2000 bis 3000 Litern zu speichern. Ohne Schaden halten sie dann ein Jahr lang ohne Niederschläge aus. Die beilförmigen, eng aneinandergereihten Warzen, die mit kammartig angeordneten Dornen dicht besetzt sind, verleihen der merkwürdigen *Pelecyphora aselliformis* eine sonderbare Struktur (Abb. 18). Die anfangs einköpfige Pflanze entwickelt zwischen den Warzen dichte weiße Wolle und bringt aus dem stärker bewollten Scheitel zahlreiche karminviolette Blüten hervor. Dieser interessante Kaktus ist in Nordmexiko beheimatet und siedelt dort an trockenen, sonnigen Stellen. Die Dornenpolster erinnern stark an Asseln, ein Umstand, der diesem Kaktus auch den Artnamen eingetragen hat. Später durch Sei-

tensprossung verzweigend, werden kleinere Gruppen gebildet, die aber 10 cm Höhe fast nie überschreiten.

Eine sehr markante einmalige Erscheinung unter den großen säulenförmigen Kakteen Mexikos stellt das Greisenhaupt (*Cephalocereus senilis*) dar (Abb. 17). Unter diesem oder sinngemäß gleichbedeutenden, von den mexikanischen Ureinwohnern schon in alter Zeit geprägten Namen ist es in der ganzen Welt bekannt geworden als «Cabeza de viejo» im spanischen Sprachbereich und bei den englischsprechenden Völkern als «old man cactus». Mit ihrer langen, weißlockigen Behaarung genießt diese aparte Pflanzengestalt bei allen Kakteenfreunden hohes Ansehen. Ihr natürliches Verbreitungsgebiet in den heißen Tälern im Innern Mexikos ist durch ein trockenwarmes, in der Vegetationszeit jedoch feuchtheißes Klima ausgezeichnet. Normalerweise werden die gewaltigen imposanten Säulen erst mit etwa 6 bis 8 m Höhe blühfähig. Sie haben dann einen Stammdurchmesser bis zu 30 cm und entwickeln den eigenartigen Schopf, das Cephalium, das anfangs einseitig, später aber nach und nach den Säulengipfel ringsum bekleidet und nur selten einseitig bleibt. In dieser Blütenregion sind die Haare wesentlich kürzer, dafür allerdings mit mehr zottiger Wolle durchsetzt, so daß der Eindruck erweckt wird, das Stammende sei mit dichtem Lammfell umwunden. Die zwanzig bis dreißig gerade verlaufenden, nur etwa 3 mm hohen Rippen des Stammes tragen die ziemlich gedrängt stehenden Areolen, die Dornenpolster, aus denen die blendendweißen Haarsträhnen heraustreten und den Pflanzenkörper lose umhüllen. Aus der Wolle des Cephaliums, die die heranwachsenden Blütenknospen schützt und später auch die Früchte bis zur Reife bedeckt, schauen die etwa 5 cm langen und 7 cm breiten trichterförmigen, weißlich-rosa Blüten hervor, die sich in der Nacht öffnen. Obwohl alte Exemplare eine Höhe von ungefähr 15 m erreichen, entwickeln sie im Stamminnern nie einen nennenswerten Holzkörper und stehen damit im anatomischen Aufbau in starkem Gegensatz zu vielen anderen Säulenkakteen, die der einheimischen Bevölkerung in nicht zu unterschätzendem Umfang brauchbares Bauholz liefern. Daraus erklärt sich auch das heftige Schwanken der riesigen Säulen bei stärkerer Luftbewegung, das in nicht wenigen Fällen zum Windbruch führt. Zur Gattung *Melocactus* gehören die ersten Kakteen, die die Europäer bei der Landung im Erdteil Amerika zu Gesicht bekamen. Als Besiedler der küstennahen Geländeteile erregten die bisher nie gesehenen eigentümlichen Gewächse verständlicherweise die besondere Aufmerksamkeit der spanischen Ankömmlinge. Kamen ihnen schon die vegetativen Teile der Pflanzen, die dicken Gurken oder Melonen ähnelten, sehr merkwürdig vor, so ließ sie das Cephalium mit den vielen meist rötlichen Blüten und den leuchtendroten Früchten noch mehr erstaunen.

Das Cephalium, der der Blütenbildung dienende Sproßabschnitt, ist bei *Melocactus* anfangs klein und flachrund, wird aber im weiteren Entwicklungsverlauf zylinderförmig. Es gewinnt alljährlich an Höhe und kann bei manchen Arten 20 cm hoch und unter günstigen Bedingungen sogar noch höher werden.

Die an der Küste der Provinz Oriente auf Kuba in einer Meeresbucht vorkommende *Melocactus acunai* (Abb. 21) gehört zu den Arten, deren melonenförmige Körper oft auch verzweigte oder geteilte Cephalien krönen. Sie haben darüber hinaus die Fähigkeit, aus den Schöpfen Neutriebe zu entwickeln, die aber im Verhältnis zum Mutterkörper ziemlich klein bleiben, bald aber auch neue Cephalien bilden.

Ebenfalls auf Kuba und den nahen Inseln, gleichfalls in unmittelbarer Strandnähe, kommt *Ritterocereus hystrix* vor, ein Kaktus, der über 8 m hoch werden kann (Abb. 21).

Insgesamt kann man feststellen, daß vor allem die Sonorawüste in Nordmexiko und Niederkalifornien wie auch die Geröllwüsten in Mexiko und die Steinwüste in Nordperu sehr reich an den unterschiedlichsten Kakteen sind (Abb. 22). Neben den Kakteen stehen zwischen den Geröllhaufen weitere Pflanzen von urweltlichem Aussehen, so die Palmlilien *(Yucca)* mit ihren 6 bis 8 m hohen und dicken Stämmen, die einen in den Himmel ragenden Schopf steifer Blätter tragen. Die älteren abgestorbenen Blätter hängen dann am Stamm herab.

An der Westküste von Peru und Chile haben sich durch die kalte Meeresströmung subtropische Wüsten ausgebildet, die durch eine starke Nebelbildung gekennzeichnet sind. Wasser wird dem Boden nur durch den Nebel zugeführt, da dieses Gebiet nahezu regenlos ist. Hier wachsen als einzige bekannte Nebelpflanzen der ganzen Erde unter den Blütenpflanzen einige *Tillandsia*-Arten (z. B. *Tillandsia purpurea*), die nur vom Nebelwasser leben (Abb. 23). Die kleinen Rosetten dieser Bromelien sind mit vielen winzigen Schuppen besetzt, die das Kondenswasser aufnehmen. Die Pflanzen sitzen locker auf dem Sandboden, Wurzeln besitzen sie nicht. Außer diesen kleinblättrigen Bromelien können keine anderen Pflanzen in dieser Nebelwüste leben.

In Mittel- und Zentralasien sind ebenfalls riesige Gebiete mit Wüsten und Halbwüsten bedeckt. Die Vegetation ist sehr karg, und große Flächen sind sandig und vegetationslos. Die Pflanzen haben sich den extremen Bedingungen in vielfältiger Form angepaßt. Als «Bäume der Wüste» werden die in den Sandwüsten Zentralasiens wachsenden Arten der Gattung *Haloxylon* bezeichnet. Diese Saxaulpflanzen wachsen strauchig und bilden rutenförmige Assimilationsorgane. Sie halten den Flugsand fest, vertragen extreme Trockenheit sowie hohen Salzgehalt. Von ihnen gewinnt man in diesen Gebieten auch das einzige Holz zu Nutzzwecken.

Während auf den salzhaltigen Tonböden in Mittelasien und in Kasachstan der Schwarze Saxaul *(Haloxylon aphyllum)* gedeiht, wächst in den gipshaltigen Steinwüsten Karakum und Kysylkum der Weiße Saxaul *(Haloxylon persicum)* (Abb. 24). Durch künstliche Aufforstungen in den waldarmen Gebieten Mittelasiens mit dem Schwarzen Saxaul wird die Bevölkerung mit Brennmaterial versorgt. Gleichzeitig werden die Wanderdünen befestigt und dadurch die Entwicklung von Weidepflanzen begünstigt, so daß die Karakulwirtschaft ausgedehnt werden konnte. Außerdem dient die Pflanze als Futtermittel.

3 Blütenstand des afrikanischen Tulpenbaumes
(Spathodea campanulata)
4 Beim Kakaobaum *(Theobroma cacao)* entwickeln
sich Blüten und Früchte direkt am Stamm

5 Die Dattelpalme *(Phoenix dactylifera)* ist der Charakterbaum der Sahara

6 Eine der berühmtesten und seltensten Pflanzen der Erde ist *Welwitschia mirabilis,* die in der unfruchtbaren Namibwüste in Südwestafrika vorkommt

7 Niederschlagärmste Gebiete in Südafrika besiedelt die hochsukkulente *Hoodia bainii*

8 Der Narakürbis *(Acanthosicyos horridus)* wächst mit seinen blattlosen, aber grün bedornten langen Trieben ebenfalls in der Namibwüste

9 Die auf dem Wüstensand liegenden Blüten
von *Huernia zebrina* riechen intensiv nach Aas
10 Auffallend schöne Blüten hat die
Stachelschweinhuernie *(Huernia hystrix)* aus Südafrika

11 An felsigen Quarzithängen wächst im Kleinen Namaqualand im Südwesten Afrikas *Pachypodium namaquanum*

12 Die nichtblühenden Pflanzen von *Lithops meyeri* unterscheiden sich kaum von den Steinen

13 Blühende Pflanze von *Lithops aucampiae*

14 *Pleiospilos bolusii* ist ein Beispiel für die sogenannten lebenden Steine der südafrikanischen Wüstengebiete

15 «Lebender Schnee» werden die Kakteen *Thephrocactus floccosus*,
die in den Gipfellagen der Anden wachsen, genannt

16 Blick in die mexikanische Geröllwüste
mit *Echinocactus grandis,* Opuntien, Säulenkakteen
und baumbildenden *Yucca*-Arten

17 Das Greisenhaupt *(Cephalocereus senilis)* ist eine markante Erscheinung unter den mexikanischen Kakteen

18 Die Dornenpolster von *Pelecyphora aselliformis* erinnern stark an Asseln

19 Der Leberwurstbaum *(Kigelia pinnata)* in der ostafrikanischen Dornsavanne

20 Bizarre Formen bilden in den amerikanischen
Trockengebieten oft die riesigen Saguarokakteen
(Carnegia gigantea)

21 *Melocactus acunai* (vorn) und
Ritterocereus hystrix (Mitte) an der Küste der
Provinz Oriente auf Kuba

22 Kakteenwüste im nördlichen Niederkalifornien
mit *Cylindropuntia bigelowii*

23 *Tillandsia purpurea* ist eine typische Nebelpflanze an der
Westküste von Peru und Chile

24 Für die mittelasiatischen Wüstengebiete sind die
Saxaularten (Gattung *Haloxylon*) charakteristisch

Der Übergang von den Subtropen in die gemäßigte Zone erfolgt nicht gleichmäßig entsprechend den Breitengraden. Charakteristisch ist eine Verzahnung von Land und Meer. Die Niederschläge zeigen keine deutliche jährliche Verteilung. Ausgeprägt ist aber die Temperatur, denn ein wichtiges Merkmal aller dieser Gebiete ist eine mehr oder weniger lange kältere Jahreszeit. Die Vegetation wird in diesen Gegenden meist durch Hartlaubgehölze gekennzeichnet. Am deutlichsten zeigt sich im Mittelmeergebiet dieses Bild der Pflanzenwelt. Weitere ähnliche Gebiete befinden sich an der pazifischen Küste Nordamerikas, in Mittel- und Südchile sowie in Teilen Südaustraliens.

Wir möchten uns an dieser Stelle ausschließlich mit dem Mittelmeergebiet beschäftigen, vor allem auch deshalb, weil seine Vegetation wie kaum eine andere durch den Menschen beeinflußt worden ist. Pflanzengeographisch ist dieses Gebiet nahezu identisch mit dem ursprünglichen Verbreitungsgebiet des Ölbaumes *(Olea europaea)*.

Bevor der Mensch durch eine jahrtausendelange Waldzerstörung und Überweidung die ursprüngliche Vegetation beseitigte, war das Mittelmeergebiet von immergrünen Hartlaubwäldern bedeckt, in denen die Steineichen *(Quercus ilex)* vorherrschten. Daneben wuchsen außer dem Ölbaum noch im westlichen Teil die Korkeiche *(Quercus suber)* und im östlichen Teil die Kermeseiche *(Quercus coccifera)* sowie der Johannisbrotbaum *(Ceratonia siliqua)* als wesentliche Holzarten.

Unter dem Einfluß des Menschen gingen die Wälder zurück, der fruchtbare Boden wurde abgetragen, und die Berghänge wurden felsig. So ist der Charakterbaum des Mittelmeergebietes heute die Pinie *(Pinus pinea)* mit ihren weitausladenden schirmförmigen Kronen (Abb. 25). Wichtig sind außerdem noch die Aleppokiefer *(Pinus halepensis)* und *Pinus pinaster*. Alle drei *Pinus*-Arten werden auch bei den Wiederaufforstungen vorwiegend eingesetzt.

Als ein charakteristischer Vegetationstyp hat sich im Mittelmeergebiet die Macchie herausgebildet, ein mannshohes, zuweilen undurchdringliches Gebüschdickicht aus zahlreichen immergrünen Sträuchern. Strauchförmig wachsen in der Macchie auch die oben erwähnten drei Eichenarten. Eine Charakterpflanze ist der Erdbeerbaum *(Arbutus unedo)* (Abb. 26). Dieser immergrüne, bis 10 m hohe Baum mit dichter Belaubung entwickelt scharlachrote, erdbeerenähnliche Früchte, die zwar eßbar, aber nicht wohlschmeckend sind. Der lateinische Name unedo (= ich esse eine) besagt, daß eine Beere genug ist. Im

östlichen Mittelmeergebiet wird *Arbutus unedo* durch *Arbutus andrachne* vertreten. Weitere Pflanzen der Macchie sind unter anderem so bekannte Arten wie die Pistazie *(Pistacia lentiscus)*, die Myrte *(Myrtus communis)*, die Baumheide *(Erica arborea)* und der Oleander *(Nerium oleander)*.

Im Verlaufe der weiteren Verschlechterung der Lebensbedingungen für die Pflanzen geht die Macchie in Zwergstrauchheiden und Rasengesellschaften über, die in Frankreich und Italien Garigue, in Spanien Tomillares und auf der Balkanhalbinsel Phrygana genannt werden. Abhängig von den Bodenverhältnissen finden wir in diesen Pflanzengesellschaften Lavendel *(Lavandula stoechas)*, Rosmarin *(Rosmarinus officinalis)*, Wildtulpen *(Tulipa sylvestris)*, Traubenhyazinthen *(Muscari neglectum)*, Narzissen *(Narzissus poeticus)*, Cistrosen *(Cistus salviaefolius* und *Cistus monspeliensis)* und andere Arten, die auch aus zahlreichen Gärten bekannt sind. In diesen Pflanzengesellschaften kommen auch etliche Orchideen vor. Bewohner offener grasiger oder steiniger Hänge vorwiegend auf Kalkunterlage sind die Ragwurz-Arten (Gattung *Ophrys*) (Abb. 27, 28). Bei dieser für das Mittelmeergebiet typischen Orchideengattung mit rund dreißig Vertretern liegt die Besonderheit in der Gestalt der Blütenlippe, die je nach der Art große Ähnlichkeit mit verschiedenen Insekten hat. Über die damit verbundenen blütenbiologischen Besonderheiten werden wir an einer anderen Stelle in diesem Buch noch berichten.

Bei den *Serapias*-Arten erkennt man auf den ersten Blick nicht die typische Orchideenblüte (Abb. 29, 30). Diese eigenartig blühenden Gewächse sind Bewohner feuchter Wiesen und trocken-grasiger Standorte in den Cistus-Gariguen, der Ölbaumhaine und der immergrünen Wälder im Mittelmeerraum. Besonders die Garigue, die lockere Pflanzengesellschaft trockener felsiger Gebiete, bildet die farbenprächtige mediterrane Frühlingslandschaft mit diesen Orchideen. Nach dem plötzlichen Erblühen vieler Pflanzen vom März bis zum Mai folgt schnell ein Bild der ausgetrockneten Landschaft, das typisch für das Mittelmeergebiet ist.

Eine besondere Pflanze des Mittelmeergebietes möchten wir noch erwähnen. Hier wächst mit der Zwergpalme *(Chamaerops humilis)* die einzige Palme, die in Europa wild vorkommt (Abb. 31). Vielfach wird sie auch in Parks und Gärten kultiviert. Diese niedrig bleibende und selten stammbildende Pflanze entwickelt eine Vielzahl von Blüten, die zweihäusig verteilt sind. Als eine der wenigen Palmen kann sie auch Kältegrade vertragen.

Pflanzenmuseum Kanaren

Die Flora der Kanarischen Inseln kann man mit einem Museum vergleichen. Hier haben sich viele Pflanzen in unsere Zeit herüberretten können, die in Süd- und Mitteleuropa während der eiszeitlichen Kälteperioden ausstarben. Erhalten haben sich aber darüber hinaus auch Vertreter der südafrikanischen Flora, tropische und subtropische Pflanzen sowie Gewächse, die einstmals in der Wüste Sahara und in alpinen Gebieten wuchsen.

Auf Grund der Höhenstufen finden wir auf der vulkanischen Insel Tenerife, deren höchste Erhebung, der Pico de Teyde, 3718 m hoch aufragt, die verschiedensten Vegetationseinheiten. Wüsten, Sukkulentenhalbwüsten, Lorbeerwälder, Kiefernwälder, Gebirgswüsten und alpine Steinschuttfluren zeigen dem Beschauer außerordentlich interessante und seltene Pflanzengestalten. Leider ist auch hier die ursprüngliche Vegetation durch den Menschen weitgehend verändert worden, so daß nur kleine Reste der ehemals reizvollen Natur übriggeblieben sind.

Wahrzeichen der Kanarischen Inseln ist der Drachenbaum *(Dracaena draco)*, der bis 18 m hoch und sehr dick und wuchtig werden kann (Abb. 33). Paläobotanische Funde haben gezeigt, daß seine Gestalt seit dem Eozän, d. h. seit 60 Millionen Jahren, unverändert geblieben ist. Er gehört zur Familie der Liliengewächse und ist einer der wenigen Bäume in dieser Gruppe. Eng verwandt ist er übrigens mit der auch als Zimmerpflanze bekannten Sansevieria. Bei Verletzung fließt aus der Rinde der Stämme rötlicher Saft, der angeblich zu Blut, und zwar zu Drachenblut werden und magische Eigenschaften besitzen soll. Früher diente das Harz medizinischen Zwecken, während man es heute zur Herstellung von Lacken und Polituren verwendet. Für den Botaniker ist der Drachenbaum vor allen Dingen auch wegen seines besonderen sekundären Dickenwachstums interessant.

Andere charakteristische Bäume der Kanarischen Inseln sind die Kanarische Dattelpalme *(Phoenix canariensis)* und der Kanarische Lorbeerbaum *(Laurus azorica)*.

Auf trockenem jungem Lavaboden dominiert die weißgraue kakteenförmige Kandelaberwolfsmilch *(Euphorbia canariensis)*, die sich vom Boden an verzweigt und riesige Bestände bildet (Abb. 34). Höhen von 6 bis 8 m sind dabei keine Seltenheit. Die Pflanzen enthalten einen giftigen Milchsaft, der scharf und ätzend wirkt. Bereits der römische Schriftsteller Plinius d. Ä. (23–79) hat diese Pflanze erwähnt.

Eine der seltensten Pflanzen der Erde ist der auf den Kanaren vorkommende Rote Hochgebirgsnatterkopf *(Echium wildpretii)*, der nur auf einer kleinen Fläche von etwa 1 ha im Ringgebirge um den Pico de Teyde auf Tenerife in einer Höhe von 2200 m wächst (Abb. 32). Aus einer Rosette von langen, schmalen Blättern erhebt sich die rote Blütentraube 2 bis 4 m hoch in den blauen Himmel. Die Blüten sitzen in einer links gedrehten Spirale an dem ungewohnt großen Schaft. Bis zur Blüte benötigt der Hochgebirgsnatterkopf mehrere Jahre, anschließend stirbt die Pflanze ab.

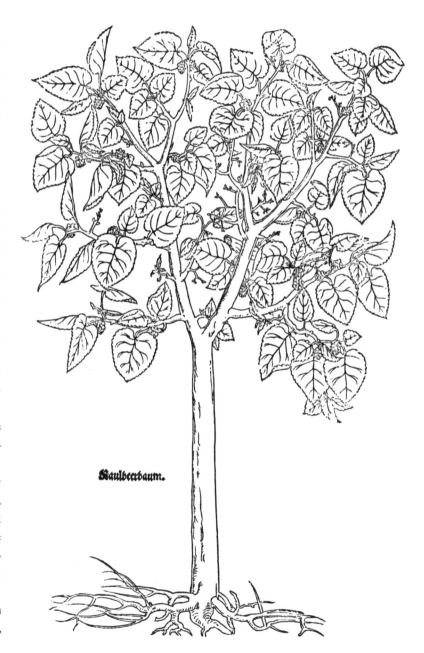

Maulbeerbaum.

Auf der äußersten Südwestspitze Afrikas hat sich auf einer relativ kleinen Fläche eine Hartlaubvegetation erhalten, die nicht nur wegen ihres ungewöhnlichen Artenreichtums und der floristischen Besonderheiten, sondern auch florengeschichtlich für den Botaniker von besonderem Interesse ist. Das kleine Areal, das von vielen Wissenschaftlern als eigenes Florengebiet Capensis angesehen wird, ist nur etwa 50 km lang und durchschnittlich bis zu 10 km breit. Auf dem Festland wird es durch die Berge der Karroo abgegrenzt, hinter denen die südafrikanische Halbwüstenvegetation beginnt.

In der Capensis wurden über 6000 verschiedene Arten von Blütenpflanzen gezählt. Um diese Zahl richtig zu bewerten, muß man sich vergegenwärtigen, daß im gesamten Mitteleuropa etwa nur halb so viele Pflanzenarten heimisch sind.

Die vorherrschende Vegetationsform des Kaplandes sind Heiden und Gebüsche, in denen als Besonderheit auch strauchartige Korbblütengewächse, z. B. die Gattungen *Osteospermum* und *Erytropappus*, vorkommen. Zahlreiche Heidekrautgewächse und *Olea verrucosa* aus der Verwandtschaft des Ölbaumes lassen gewisse pflanzengeographische Beziehungen zum Mittelmeergebiet vermuten.

Der Charakterbaum des Kaplandes aber ist der Silberbaum *(Leucadendron argenteum)*, der allerdings nur ein sehr kleines Areal an den feuchten Hängen des Tafelberges unter 500 m Höhe besiedelt (Abb. 35). Der dichtbeblätterte, bis 15 m hohe Baum trägt dichtstehende, mit silberglänzenden Haaren besetzte Blätter. Die Haare haben je eine Basalzelle, die als Gelenk fungiert und den Haaren Beweglichkeit verleiht. Bei ausreichender Wasserzufuhr stehen die Haare in einem Winkel von etwa 30 Grad von der Blattfläche ab, so daß die Luft leicht zu den Spaltöffnungen vordringen kann. Bei Wassermangel legen sich die Haare als äußerster wirksamer Verschluß dicht übereinander und schränken den Gasaustausch und die Verdunstung ein. Deshalb zeigen die Bäume im Sommer auch einen helleren Glanz. In der Sonne scheinen die Pflanzen wie von Seide überzogen zu sein. Am Ende der Zweige befinden sich die gelben Blütenköpfe, die von abstehenden gelblichen Hüllblättern überragt werden.

Der Silberbaum gehört zur Familie der Proteusgewächse (Proteaceae), von denen es 1200 Arten gibt, die auf der Südhalbkugel, vorwiegend in Australien und in Südafrika, vorkommen.

In der ebenfalls im Kapland heimischen Gattung *Protea* finden wir Sträucher von 10 m Höhe, andererseits aber auch zwergige Pflanzen, bei denen sich nur Blätter und Blütenköpfe über den Erdboden erheben (Abb. 36). Die teilweise sehr großen Blätter haben eine dicke Kutikula und sind deshalb sehr hart, manche sind auch wie beim Silberbaum behaart. Der Wachsbezug ist bei *Protea grandiflora* so stark, daß die Blätter wie weiße Kugeln leuchten. Die körbchenartigen Blütenstände stehen an den Zweigenden und werden von leuchtend gefärbten Hochblättern umgeben. Die auffallenden Blütenfarben und der Nektar am Grund der Hüllblätter locken Honigvögel an, die die Bestäubung vornehmen.

Die einzelnen Arten der Gattung *Protea* können sehr alt werden. Durch Buschfeuer werden die Pflanzen aber oft vernichtet. Da sie allerdings sehr widerstandsfähige Samen besitzen, wachsen viele bald wieder heran. Lediglich *Protea grandiflora* übersteht mit ihren unterirdischen Organen die Brände und treibt neue Sprosse aus den Wurzeln.

Die bis zu 25 cm großen Blüten der *Protea barbigera* (Abb. 38) erinnern an ausgewachsene reife Ananasfrüchte. Der gesamte Blütenkopf wird außerdem von einem weißwolligen Flaum überzogen, der von den gelblichen Hochblättern ausgeht, die auch noch an den Spitzen blutrote Flecken besitzen.

Artischokenähnliche Blüten bildet *Protea cynaroides* (Abb. 40). Sie stehen auf den rötlichen Ästen, sind selbst zartrosa und haben weißfilzige Hüllblätter.

Das Kapland ist auch die Heimat zahlreicher bekannter Zierpflanzen, z. B. etlicher Arten der Gattung *Mesembryanthemum*, der Gattungen *Amaryllis, Clivia* und *Freesia*. Auch die beliebte Zimmerlinde *(Sparmannia africana)* stammt aus diesem Gebiet (Abb. 37).

In den offeneren Vegetationseinheiten des Kapgebietes wachsen einige besondere Orchideen. Der «Stolz des Tafelberges» wird *Disa uniflora* genannt (Abb. 41). Sie ist die schönste und größtblütige Art dieser formenreichen Gattung von Erdorchideen und kommt auf nassen Felsen und im moorigen Boden vor.

Blaublühende Orchideen sind im Pflanzenreich äußerst selten. Mit den Erdorchideen *Herschelia purpurascens* (Abb. 39) und *Herschelia graminifolia* (Abb. 42) sind zwei davon als seltene und in Gestalt und Farbe besonders auffallende Formen im Kapland zu finden.

Urweltliches Madagaskar

Obwohl die Insel Madagaskar von der Ostküste des afrikanischen Kontinents nur durch die rund 350 km breite Straße von Moçambique getrennt ist, haben Flora und Fauna mit dem Festland nur wenige Gemeinsamkeiten, weil sich die Insel schon in früheren geologischen Perioden vom Festland trennte. Auf Grund der Isolierung konnten sich auf Madagaskar viele botanische Merkwürdigkeiten entwickeln. Die Insel wird deshalb mit Recht als Museum lebender Fossilien bezeichnet. Viele ihrer Pflanzen haben weder Vorfahren noch Verwandte in anderen Teilen der Welt.

Der bekannte Botaniker Professor Dr. Werner Rauh hat eine eindrucksvolle Schilderung von der Flora Madagaskars gegeben:

«Reist man in der Zeit von Ende Oktober bis Anfang November auf die Insel, so bietet sich dem Reisenden ein grandioses, schaurig-schönes, aber zugleich auch erschütterndes Schauspiel dar. Große Gebiete stehen in Flammen; von den Bergen herab leuchten die Feuer, und mit Getöse und Geknatter fressen sich die Flammen in die durch die lange Trockenheit ausgedörrte Vegetation. Man muß auf der 600 000 km² großen Insel schon beschwerliche und weite Reisen in die unzugänglichen und niederschlagsreichen Gebiete der Ostküste und die halbwüstenartigen, niederschlagsarmen Regionen des Südwestens und Südens der Insel unternehmen, um die letzten Reste einer in der Welt einmaligen Vegetation nicht nur zu schauen, sondern auch zu erleben.

Vor uns ein undurchdringlicher Dornbusch. Fast jede Pflanze starrt vor Dornen, so die großen Wolfsmilchgewächse, die stammbildenden Dickfußgewächse, die Pachypodiumarten, eine für Madagaskar typische Pflanzengruppe. Ihre tonnenförmigen wasserspeichernden, drei bis fünf Meter hohen Stämme sind dicht mit harten, stechenden Nebenblattdornen besetzt. Tonangebend aber sind jene auffallenden und merkwürdigen dornenbewehrten Pflanzen, denen Madagaskar in botanischer Hinsicht seinen Ruf als ‹abseitiges Heiligtum› verdankt. Gemeint sind die Vertreter der Didieraceen. Diese Pflanzen sind baum- oder strauchförmige Gewächse, die auf Grund ihrer starken Dornbildung und ihrer Wuchsform an die Säulenkakteen Südamerikas erinnern. Einige Vertreter bilden regelrechte Wälder, deren Fortbestand allerdings auf das stärkste gefährdet ist.»

Die Familie der Didieraceae ist erst in der Mitte unseres Jahrhunderts näher bekannt geworden, und auch ihre verwandtschaftlichen Beziehungen waren längere Zeit umstritten. Sie sind auch heute noch nicht restlos geklärt. Es handelt sich um periodisch laubabwerfende Gewächse mit kleinen, unscheinbaren Blüten, die in den trockensten Gebieten Madagaskars wachsen. Die Bäume der Art *Alluaudia procera* (Abb. 43) werden 10 bis 15 m hoch und bilden im Südwesten der Insel relativ große Wälder, die allerdings durch die häufigen Buschbrände, auf die Rauh in seiner Beschreibung bereits hingewiesen hat, sehr bedroht sind.

Den wohl nachhaltigsten Eindruck in der Flora von Madagaskar vermittelt der «Baum der Reisenden», *Ravenala madagascariensis* (Abb. 44). Er gehört zur Familie der Bananengewächse (Musaceae), und entwickelt bis zu 30 m hohe Exemplare mit holzigem Stamm und fächerartig gestellten großen Blättern. Der Stamm selbst wird allerdings meist nur 3 bis 6 m hoch. In den großen Blattscheiden sammelt sich in den Regenzeiten Wasser an, das dann in Trockenperioden von Reisenden als Wasserreserve genutzt werden kann. Der «Baum der Reisenden» bildet oft dichte Bestände, die die jährlich wütenden Brände überstehen. Auf Grund seiner Widerstandsfähigkeit breitet sich *Ravenala madagascariensis*, die einzige Art dieser Gattung, in Sekundärwäldern stark aus. In vielen tropischen Ländern wird dieser schöne Baum auch als Zierbaum kultiviert. Die großen und auffälligen Blüten werden durch kleine Vögel bestäubt.

In den Trockenwäldern Westmadagaskars wachsen mehrere Arten der urwelthaft anmutenden Affenbrotbäume. Der größte und gewaltigste von ihnen auf der Insel ist die Renala *(Adansonia grandidieri)* mit 30 bis 40 m hohen und bis 6 m dicken unförmigen Stämmen (Abb. 45). Die verhältnismäßig kleine Astkrone steht in einem deutlichen Mißverhältnis zu den dicken Stämmen, die den Bäumen vor allem als Wasserspeicher dienen.

Zur Gattung *Pachypodium* aus der Familie der Hundsgiftgewächse (Apocynaceae) gehört der «Stern der Steppe», *Pachypodium lameri*, aus dem Süden Madagaskars (Abb. 46). Wie bei allen Arten dieser Gattung handelt es sich um sukkulente Sträucher. Sie werden bis zu 5 m hoch und tragen eine oben schwach verzweigte Krone, in der sich am Ende der Triebe ein Schopf langer Blätter entwickelt.

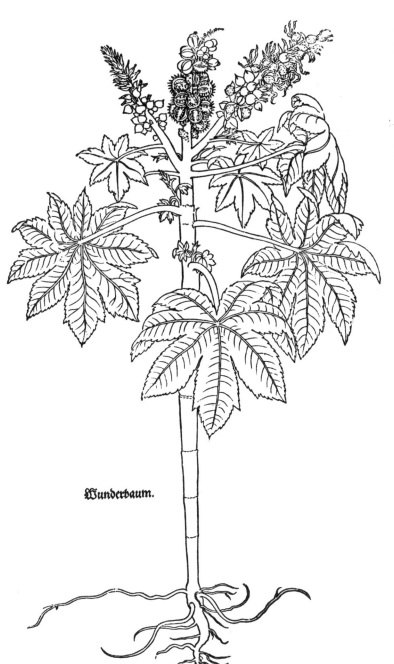

Wunderbaum.

Eine sehr eigentümliche Flora hat sich auch in Australien entwickelt. Durch die frühe Abtrennung dieses Kontinents von den anderen Gebieten der Erde konnten sich hier Pflanzen herausbilden, die sonst nirgends vorkommen. Auf gewisse florenverwandtschaftliche Beziehungen zum Kapland werden wir an anderer Stelle noch eingehen. Die isolierte Stellung Australiens kommt schon darin zum Ausdruck, daß von den rund 10 000 australischen Pflanzenarten 8500 Endemiten sind, d. h. nur in diesem Erdteil wachsen.

Eine nahezu endemitische Familie in Australien sind die Casuarinaceae, deren vierzig bis fünfzig Arten alle zur Gattung *Casuarina* gehören (Abb. 47). Diese Gattung wird manchmal auch als Känguruhbaum bezeichnet. Wenige Arten kommen auch in Neukaledonien und Indonesien vor, und nur von einer Art, *Casuarina equisetifolia*, erstreckt sich das Areal bis Indien und Madagaskar.

Die bis zu 15 m hohen Holzgewächse besiedeln meist trockene, nährstoffarme Standorte, vor allem Sandböden. Rutenförmige Äste mit quirlig angeordneten schuppenartigen Blättern verleihen ihnen ein schachtelhalmartiges Aussehen. Die Blüten sind klein und stark vereinfacht. Morphologisch sind die *Casuarina*-Arten Australiens dem Leben in trockenen Gebieten weitgehend angepaßt. Es fällt überhaupt auf, daß in den australischen Trockengebieten sehr wenig Sukkulenten vorkommen.

Die bekanntesten und typischsten Pflanzen Australiens sind aber die zu den Myrtengewächsen (Myrtaceae) gehörenden *Eucalyptus*-Arten. Diese Gewächse besitzen viele biologische und ökologische Besonderheiten, die schon im Aufbau der Blüten deutlich werden. Die Blüten haben weder Petalen noch Sepalen, sondern die vier Kronblätter sind zu einer deckelartigen Mütze verwachsen, die zur Blütezeit abfällt. Der untere Teil der Blütenknospe bildet eine trichterförmige Kelchröhre, teilweise fehlen auch die Kelchblätter. Die Laubblätter sind immergrün, lederartig und mit Ölbehältern versehen. Abhängig von der Art weisen die Eukalyptusbäume sehr unterschiedliche Größe auf. Einige werden nur wenige Meter hoch, andere erreichen mehr als 100 m und zählen damit zu den größten Pflanzen der Erde. Beispiellos im gesamten Pflanzenreich ist ihr rasches Wachstum.

Von besonderer Bedeutung sind die Eukalyptusbäume für das Trockenlegen großer, durch Malaria verseuchter Sumpfgebiete, weil ihre Wurzeln riesige Wassermengen aufnehmen können.

Im sogenannten Karriwald wächst als vorherrschende Art *Eucalyptus diversicolor* mit schlanken und geraden Stämmen von 60

bis 80 m Höhe (Abb. 50). Während der Dürrezeit öffnen sich die Blüten, die zweieinhalb Jahre zu ihrer Entwicklung benötigen. Von der Bestäubung bis zur Fruchtreife vergehen noch einmal rund eineinhalb Jahre. Die Sämlinge entwickeln sich aber dann recht schnell. Sie werden im ersten Jahr 80 cm hoch, im zweiten 3 m. Während der nächsten Jahre beträgt der jährliche Zuwachs 1 bis 1,5 m. Mit etwa fünfundzwanzig Jahren wird der Zuwachs geringer und sinkt auf rund 30 cm ab. Die Bäume werden durchschnittlich bis zu 350 Jahren alt.

Auf Sandheiden, die in Australien große Flächen einnehmen, wachsen mehrere Arten aus der Familie der Proteaceae, die wir schon im Kapland kennengelernt haben. Aus dieser Tatsache leiten viele Wissenschaftler eine florengeschichtliche Verwandtschaft zwischen Australien und dem Kapgebiet ab.

Auffallende Vertreter der Proteaceae sind *Banksia coccinea* (Abb. 48) und *Telopea speciosissima* (Abb. 49) mit ihren prächtig gefärbten Blüten. Eigenartig ist bei *Banksia* der Bewegungsmechanismus der weiblichen Blütenteile. Die Griffel treten aus der Knospe bogenförmig gekrümmt heraus, strecken sich beim Aufblühen und streuen dabei den Pollen aus den Staubblättern aus. Die holzigen Fruchtstände öffnen sich nur nach einem Brand. Mit einem Haken bleiben die Samen aber noch einige Stunden an der Fruchtwand hängen. Dann fallen sie auf den erkalteten Boden, wo sie auf der Brandfläche günstige Bedingungen zum Keimen finden.

Imposante Formen bilden auch die Grasbäume der Gattung *Xanthorrhoea*, die ebenfalls fast ausschließlich auf Australien und Tasmanien beschränkt ist. Sie gehört zu den einkeimblättrigen Pflanzen und steht mit den Liliengewächsen in enger Beziehung. *Xanthorrhoea hastilis* besitzt einen relativ kurzen Stamm, der dicht mit 1 m langen steifen, linealischen, leicht abbrechbaren, dachziegelartig übereinanderstehenden Blättern besetzt ist. Am Gipfel des Stammes erhebt sich der bis zu 2 m lange Blütenschaft, der den bis zu 50 cm langen kolbenförmigen Blütenstand mit zahlreichen kleinen Blüten trägt.

Drachenwurz.

Bei den Pflanzen der Wüsten und Halbwüsten haben wir schon einige Gewächse kennengelernt, die äußerst harten Existenzbedingungen angepaßt sind, Bedingungen, unter denen die meisten anderen Pflanzen nicht mehr leben können. Die begrenzenden Faktoren waren hier vor allem die Trockenheit und die Hitze. In diesem Kapitel wollen wir nun einige Vegetationseinheiten mit ihren typischen Pflanzen betrachten, in denen hauptsächlich die niederen Temperaturen einschränkend wirken.

Im subpolaren Bereich auf der nördlichen Halbkugel finden wir die Tundra, eine fast baumfreie Vegetation mit kurzen, kühlen Sommern. Die Wärme reicht für das Gedeihen von Bäumen meist nicht mehr aus, so daß weite Flächen unbewaldet sind. Das rauhe Klima stellt an die Pflanzen besondere Anforderungen. Sie müssen auf die rationellste Weise das Sonnenlicht nutzen. Typisch dafür sind Zwergwuchs und immergrüne Blätter. Das Wachstum verläuft trotzdem sehr langsam. So beträgt der jährliche Längenzuwachs der Rentierflechte *(Cladonia rangifera)* 1 bis 3 mm. Zwanzigjährige Sibirische Lärchen *(Larix sibirica)*, einer der wenigen Bäume des Gebietes, ragen kaum aus der Krautschicht heraus. Ihr jährlicher Zuwachs liegt ungefähr bei 1 bis 2 cm.

In der Tundra können wir noch mehrere verschiedene Vegetationseinheiten unterscheiden. Die Waldtundra bildet den Übergang vom geschlossenen Waldgürtel zur eigentlichen Tundravegetation. Vorherrschend sind Moorbirken *(Betula pubescens)*, Fichten und Kiefern. Anschließend folgt die Zwergstrauchtundra vorwiegend mit Heidekrautgewächsen. Am weitesten zum Nordpol vorgeschoben finden wir die arktische Tundra, in der vor allem Moose, Flechten und einige wenige Polsterpflanzen wachsen. Die Dichte der Pflanzendecke nimmt nach Norden immer mehr ab, bis schließlich Schnee und Eis sämtliches Pflanzenleben unmöglich machen.

Eine der widerstandsfähigsten Pflanzen ist der polsterbildende Rote Steinbrech *(Saxifraga oppositifolia)*, dessen Areal bis zu 750 km an den Nordpol heranreicht (Abb. 51).

Die meisten Pflanzen der Tundra sind Frostkeimer. Der Samen muß erst Frostgraden ausgesetzt sein, um keimen zu können. Die Vegetationszeit beginnt im Juni und endet im September. Wegen der kurzen Vegetationszeit werden die Blütenknospen meist schon im Vorjahr angelegt, überwintern acht bis zehn Monate im voll entwickelten Zustand und blühen sofort nach dem Auftauen auf. Interessant ist in diesem Zusammenhang die folgende Erscheinung. In der näheren Umgebung von Pflanzen taut der Schnee oft früher als an anderen Stellen, weil die Pflanze durch die in den Schnee eindringende Strahlung etwas stärker erwärmt wird. Im Schnee entsteht eine Höhlung, die oben durch eine dünne durchsichtige Eisschicht verschlossen ist. Sie wirkt dann wie ein kleines Gewächshaus. In dieser Höhlung kann die Temperatur bis zu 14 °C höher liegen als an der Eisoberfläche, so daß das Wachstum der Pflanzen darin außerordentlich stark gefördert wird.

Eine typische Pflanze der Felstundra ist die Silberwurz *(Dryas octopetala)* (Abb. 52). Mit ihren kurzen Kriechstämmen, die sich reichlich verzweigen, bildet sie Polster von mehreren Quadratmetern. An Geröllhalden und steilen Hängen wirkt sie als ausgezeichneter Festiger.

Extreme Klimaverhältnisse sind auch in der Taiga im östlichen Sibirien anzutreffen, wo heiße Sommer mit schneearmen, aber sehr kalten Wintern abwechseln. Bis −60 °C wurden in diesen Gegenden gemessen. Hier im Bereich des kontinentalen Kältepols wächst als frosthartes Gewächs die Sibirische Lärche *(Larix sibirica)*, die ihre Nadeln abwirft und mehrere Monate in absoluter Winterruhe verharrt. Die Wurzeln dringen nicht tief in den Boden, sondern streichen nur flach aus, weil der Boden im Sommer maximal 50 cm tief auftaut.

Ähnliche Verhältnisse und eine ähnliche Zonierung der Vegetation finden wir auch in den Hochgebirgen der nördlichen gemäßigten Zone, in denen mit zunehmender Höhe die Jahreswärme abnimmt, die Winter länger werden, stärkere Niederschläge auftreten und heftiger Wind weht. An der Waldgrenze, die in den Zentralalpen bei 2200 m, im Pamir, im Altai und im Tienschan bei 2500 m liegt, hat sich eine Kampfzone herausgebildet, in der die Baumarten der Wälder noch vereinzelt auftreten, aber bereits auch mit anderen vermischt sind. In den Zentralalpen stehen hier Zirbelkiefern oder Arven *(Pinus cembra)* mit bizarren und vom Sturm gezeichneten Kronen als interessante und weithin sichtbare Wetterbäume (Abb. 54). Im Tienschan wachsen in Höhen von 1600 bis 2200 m vereinzelt die Tienschanfichten *(Picea schrenkiana)* und verschiedene Birkenarten an der Grenze der Nadelwaldstufe (Abb. 55). Wie dunkelgrüne Säulen ragen die schlanken und schmalen Fichten in den blauen Himmel, während die Birken bereits ab Ende August mit ihrer Herbstfärbung weithin leuchten.

Wenn die Bäume auf Grund des rauhen Klimas nicht mehr in die Höhe wachsen können, beginnt oberhalb der Baumgrenze die

Krummholzregion mit der Latschenkiefer (Pinus mugo) als Charakterbaum. Die Latsche kommt mit einer kürzeren Vegetationszeit aus und ist durch ihren eigenartigen buschigen Wuchs widerstandsfähig gegen Lawinen.

In den Alpen finden wir in dieser Höhenregion auch die ersten Alpenrosen (Rhododendron ferrugineum) mit den leuchtenden dunkelroten Blüten (Abb. 53). Sie leiten zu den alpinen Matten über, die immer wieder durch die Schönheit ihrer Blumen bezaubern. Hervorzuheben sind die großen und auffallenden Blüten, die im Gegensatz zu den meist niedrig bleibenden und polsterförmig wachsenden vegetativen Organen der Pflanzen stehen. Die Pflanzen schmiegen sich dem Boden an, um dem starken Wind zu entgehen. Gleichzeitig müssen sie sich der intensiveren Sonneneinstrahlung, den größeren Temperaturunterschieden zwischen Sonnen- und Schattenseite sowie der im Winter mächtigen Schneedecke anpassen. Holzpflanzen gibt es hier nur wenige, z. B. der Zwergwacholder (Juniperus sibirica) und kriechende Weidenarten (Salix reticulata, Salix glabra u. a.).

Von den Kräutern möchten wir vor allem die Steinbrecharten, darunter auch den Roten Steinbrech, und die Enzianarten erwähnen.

Auch der Alpenbärlapp (Diphasium alpinum) ist eine Pflanze hochmontaner und alpiner Gebiete auf der nördlichen Halbkugel (Abb. 57). Die ausgesprochen kalkfliehende Pflanze ist außerhalb des Waldes auf Borstgrasrasen und Bergheiden anzutreffen.

Aber nicht nur in den gemäßigten Breiten, sondern auch in den Tropen zeichnen sich die Hochgebirge durch eine eigenartige Vegetation aus. Der ostafrikanische 6000 m hohe Kilimandscharo nimmt unter den tropischen Gebirgen noch eine gewisse Sonderstellung ein. Das gewaltige Gebirgsmassiv ragt aus der Weite der afrikanischen Steppenlandschaft heraus. Auch hier sind die Klimagegensätze zwischen Tag und Nacht stark ausgeprägt, dagegen treten geringe jahreszeitliche Schwankungen auf. Das hat zur Ausbildung seltsamer Pflanzenformen geführt. Die absonderlichsten Gestalten treffen wir in Höhenlagen von 3500 bis 4000 m zwischen niedrigen Polsterpflanzen und der Krummholzzone an. In der alpinen Stufe bei etwa 4000 m Höhe wächst unter anderem die Schaftlobelie (Lobelia deckenii), eine der eindrucksvollsten Pflanzengestalten der tropischen Hochgebirge (Abb. 56). Aus einer zierlichen Blattrosette erhebt sich ein bis zu 2 m hoher Blütenschaft mit spiralig angeordneten Blüten. Diese sind kobaltblau und stecken hinter fleischigen Hochblättern, die den Honigvögeln beim Anflug dienen.

Interessante Pflanzen kommen auch in den Anden Südamerikas vor. Der bekannte Kakteenforscher Curt Backeberg schreibt über eine Fahrt in dieses Gebiet:

«Ich fahre mit der Bahn nach Oroya, dem fast 4000 Meter hoch gelegenen Minenort. Bei Ticlio, auf fast 5000 Meter Höhe, kündigt ein Gipfelgewitter den Temperatursturz an, Blitze zucken und der Donner vollführt in dem Hochkessel ein Höllenkonzert. Mühsam schleicht der Zug die letzte Steigung hinauf. Die Passagiere von der Küste saugen verzweifelt am Sauerstoffschlauch, denn hier beginnt ihnen die Sarroche oder Puna, die Bergkrankheit, schärfer zuzusetzen.

Und dann kommt der Schneesturm. Man sieht kaum den nächsten Wagen. Als die weißen Wirbel einmal lichter werden, huschen die geisterhaften Silhouetten der Llamas vorüber, dieser wunderlichen Tiere, die in ihrem dichten Fell weder Sturm noch Kälte anficht. Ich will hier oben sammeln, aber das wütende Wetter verjagt mich. Ich gehe zum wärmeren Rio Marañon hinüber; inzwischen muß es auch mit dem wilden Schneesturm zu Ende gehen.

Nach einigen Tagen kehre ich zurück. Es hat noch nicht aufgeklart. Noch lasten bleiche Wolken über der Höhe, in stumpfem Grün spiegeln düstere Lachen, und es ist nicht mehr überall weiß. Hier und da aber scheint der Schnee nicht im nachfolgenden Regen zerronnen zu sein.

Und dann stehe ich vor den vermeintlich liegengebliebenen Schneefesten: es sind Kakteen, die Thephrocactus floccosus, der ‹lebende Schnee›, wie ihr Entdecker die weißbepelzten Pflanzen treffend nannte. Unerschütterlich breiten sie sich in den Mulden, mit zottigem Fell wie Llamas, die ich auf dem Herweg im Schneesturm sah.

Welch guter Schutz gegen Unwetter, würde mancher denken, wenn er die weißen Kolonien sähe. Aber es wäre eine Täuschung; daneben häufen sich vielköpfige Buckel mit völlig nackten, dunkelgrünen Köpfen, der Thephrocactus atroviridis.»

26 Charakterpflanze der Macchie im Mittelmeergebiet ist der Erdbeerbaum *(Arbutus unedo)*

27 Einzelblüte der Spiegelragwurz *(Ophrys speculum)* aus dem Mittelmeergebiet

28 Ebenfalls im Mittelmeergebiet wächst die Schnepfenragwurz *(Ophrys scolopax)*

29 Bei *Serapias neglecta* ist auf den ersten Blick nicht zu erkennen, daß es sich um eine Orchidee handelt

30 Blütenstand von *Serapias cordigera*

32 Der Hochgebirgsnatterkopf *(Echium wildpretii)* gehört zu den seltensten Pflanzen der Erde

33 Der Drachenbaum *(Dracaena draco)* ist das Wahrzeichen der Kanarischen Inseln

34 An manchen Stellen bildet die Kandelaberwolfsmilch *(Euphorbia canariensis)* große Bestände

35 Der Silberbaum *(Leucadendron argenteum)* besiedelt nur
ein kleines Areal an den feuchten Hängen des Tafelberges
36 Blütenknospen der Schneeball-Protea *(Protea cryophila)*,
die nur auf einem Berg bei Kapstadt vorkommt

37 Eine beliebte Zimmerpflanze ist die aus Südafrika stammende
Zimmerlinde *(Sparmannia africana)*

38 Die bis zu 25 cm großen Blüten von *Protea barbigera* aus dem Kapgebiet erinnern an ausgewachsene reife Ananasfrüchte
39 *Herschelia purpurascens* gehört zu den wenigen blaublühenden Orchideen

40 *Protea cynaroides* mit den artischokenähnlichen Blüten kommt auch im Kapgebiet vor

41 *Disa uniflora*, der Stolz des Tafelberges, wächst im Kapland auf nassen Felsen und moorigem Boden
42 Auch *Herschelia graminifolia* blüht blau und ist im Kapgebiet heimisch

43 Die zu den Didieraceae gehörende Art *Alluaudia procera* bildet im Südwesten Madagaskars große Bestände
44 Der Baum der Reisenden *(Ravenala madagascariensis)*

45 In den Tropenwäldern Westmadagaskars kommt die Renala
(Adansonia grandidieri) vor. Das dargestellte Exemplar ist das größte
der Welt
46 Bis zu 5 m hoch werden die Stämme von *Pachypodium lameri*

47 Die Casuarinaceae mit der einzigen Gattung *Casuarina* sind Charakterpflanzen des Erdteils Australien

48 *Banksia coccinea* findet man in den australischen Sandheiden
49 *Telopea speciosissima* ist ebenfalls ein typischer Vertreter
der australischen Flora

51

50 Nur auf Australien beschränkt sind die Eukalyptusbäume. Das Bild zeigt *Eucalyptus diversicolor*

51 Der Rote Steinbrech *(Saxifraga oppositifolia)* ist die nördlichste Blütenpflanze der Erde

52 Die Silberwurz *(Dryas octopetala)* ist eine typische Pflanze der Felstundra

53 Wie viele Alpenpflanzen fällt auch die Rostblättrige Alpenrose *(Rhododendron ferrugineum)* durch leuchtende Blütenfarben auf

54 An der Waldgrenze in den Zentralalpen kommen die Zirbelkiefer oder Arve *(Pinus cembra)* und die Alpenrose *(Rhododendron ferrugineum)* vor

55 Tienschanfichten *(Picea schrenkiana)* und Birken an der Waldgrenze im Tienschangebirge in Mittelasien

56 Die Schaftlobelie *(Lobelia deckenii)* wächst in etwa 4000 m Höhe auf dem Kilimandscharo

57 Selbst noch auf hohen Bergen findet man
den Alpenbärlapp *(Diphasium alpinum)*

Nützliche
Schönheit

Schon seit langen Zeiten betrachtet der Mensch die Vielfalt der Blumenformen und der Blütenfarben mit großer Aufmerksamkeit. Jedoch erst nach der Entdeckung der Sexualität der Pflanzen gegen Ende des 17. Jahrhunderts wurden allmählich die Geheimnisse des Baues und der Bestäubung der Blüten gelüftet. Einer der ersten Wegbereiter war der Berliner Botaniker Christian Konrad Sprengel (1750–1816), der sich eingehend mit den Blüten beschäftigte und die Ergebnisse seiner langjährigen und sorgfältigen Beobachtungen in seinem Buch «Das entdeckte Geheimnis im Bau und in der Befruchtung der Blumen» (1773) veröffentlichte. Obwohl Sprengel noch in einem starken teleologischen Denken befangen war, haben seine Untersuchungen und Gedankengänge heute noch großen Wert.

Mit dem Siegeszug der Abstammungslehre begann auch eine neue Epoche blütenbiologischer Forschung. Charles Darwin (1809–1882) selbst trug insbesondere durch seine Arbeiten über die Bestäubungseinrichtungen der Orchideen (1862) wesentlich dazu bei. Durch die klassischen Untersuchungen durch Karl von Frisch über die Beziehungen zwischen der Honigbiene und den Blüten sowie die umfangreichen Analysen von Fritz Knoll über die einzelnen Blütenbesucher entstand in der ersten Hälfte unseres Jahrhunderts die experimentelle Blütenökologie, die unsere Kenntnisse über die Bestäubungsmechanismen wesentlich bereicherte.

Die Blüten der Bedecktsamer (Angiospermen) bestehen aus Kurzsprossen mit begrenztem Wachstum. In der Regel setzt sich eine Blüte aus einem meist grünen Kelch, aus einer im allgemeinen farbigen Krone sowie aus den Staub- und Fruchtblättern zusammen. Kelch- und Kronblätter ergeben zusammen die Blütenhülle, die die Staub- und Fruchtblätter einschließt und schützt. Aus diesem Grundaufbau entstanden im Laufe der Evolution durch Veränderungen in der Zahl, der Form, der Größe und der Farbe der Blütenhülle sowie durch Veränderungen in der Stellung der einzelnen Blütenteile, durch Verwachsungen, Reduktion oder Vermehrung von Blütenteilen und durch das Ausbilden von Duftstoffen und Nektar in einer fast unüberschaubaren Fülle die mannigfaltigsten Blüten. Alle diese Veränderungen dienen letzten Endes der geschlechtlichen Fortpflanzung der Pflanzen, deren Voraussetzung die Bestäubung und die nachfolgende Befruchtung ist. Bei der Befruchtung vereinigt sich die männliche Keimzelle, die mit dem Blütenstaub oder Pollen auf die Narbe gelangt ist, mit der weiblichen Keimzelle, der Eizelle.

Bei der Bestäubung unterscheidet man verschiedene Formen. Von Selbstbestäubung wird gesprochen, wenn der Pollen derselben Blüte auf die Narbe gelangt; kommt er von einer anderen Blüte derselben Pflanze, liegt Nachbarbestäubung vor. In der Regel erfolgt aber Fremdbestäubung, d. h., der Pollen stammt von einer anderen Pflanze.

Zur Bestäubung sind die Pflanzen auf bestimmte Überträger angewiesen – das sind der Wind, das Wasser und verschiedene Tiere. Wir wollen uns hier ausschließlich mit tierblütigen Pflanzen beschäftigen, weil besonders bei ihnen die vielfältigsten Anpassungserscheinungen zu erkennen sind. Den Hauptanteil bei der Bestäubung haben die Insekten. In den Tropen und Subtropen spielen außerdem noch über 2000 verschiedene Vogelarten, vor allem Kolibris, Nektarvögel und Honigfresser, und einige Fledermäuse eine Rolle.

Auffallende Formen, Farben und Düfte der Blüten locken die Besucher an. Die Tiere suchen auf den Blüten Nahrungsstoffe, insbesondere Nektar, Pollen und Futterhaare. Auch das Sammeln von Duftstoffen, Nestbaustoffen, die Eiablage und vereinzelt auch Balzvorgänge sind Gründe für das Aufsuchen der Pflanzen. Obwohl die Wechselbeziehungen zwischen Blüte und Bestäuber nicht auf die Dauer bestehen, sind sie für beide Partner lebensnotwendig. Beide ziehen Nutzen für das Fortbestehen der Art. Wie groß die Bedeutung ist, erkennt man daran, daß in einem blütenlosen Jahr über 100 000 Insektenarten und verschiedene Vögel (Kolibris, Honigsauger, Honigfresser) aussterben würden, weil diese Tiere ihre Nahrung nur aus den Blüten beziehen und völlig auf sie angewiesen sind.

Zum Anlocken bedienen sich die Pflanzen verschiedener Methoden. Einige spezielle Blüten und ihre Anlockungsmethoden wollen wir im einzelnen betrachten.

Edithcolea grandis (Abb. 58) mit ihren großen Blüten, die bis zu 15 cm Durchmesser erreichen, wird oft als die «Königin der Sukkulenten» bezeichnet. Das Verbreitungsgebiet der schönen Sukkulente ist steppenartiges Buschland in Tansania, Kenia und Somalia.

Die Blüten gleichen in Zeichnung und Farbe einem Perserteppich. Auf einem blassen Gelb ist ein kunstvolles Muster purpurbrauner Zeichnung zu erkennen. Die Blüte ist flach tellerförmig und hat fünf breite Zipfel, die in zurückgebogenen Spitzen enden. Von der Blütenmitte zu den fünf Einbuchtungen am Rande laufen fünf Strahlen beweglicher Keulenhärchen. Auch der dunkle Rand der Blüte ist mit kleinen purpurnen Härchen versehen. Die Pflanze kriecht zwischen braungrauem Felsgeröll und rotbraunem Sand, oft nach allen Seiten vielfach verzweigt und über Felsen hängend, und nimmt bei Trockenheit die gleiche Farbe wie die Umgebung an. Gegen Tierfraß sind die harten fünfkantigen, unbehaarten Stämme durch zahlreiche Höcker mit sehr spitzen Dornen geschützt. Die südafrikanische

Sukkulente *Decabelone grandiflora* (Abb. 59) lockt die Bestäuber durch bewegliche Flimmerkörper an. Die großen trichterförmigen Glocken der Blüten sind hellgelb und mit braunroten Flecken und Furchen bedeckt. Die in der Krone stehende Nebenkrone läuft in zehn fadenförmige Zipfel aus, an deren Spitze jeweils ein kugeliger fleischroter Knopf hängt. Durch die geringste Erschütterung oder durch den Luftzug werden die Knöpfe in pendelartige Schwingungen versetzt, wodurch ein überraschender Flimmereffekt entsteht.

Die in Südostafrika vorkommende knollenbildende *Brachystelma barberiae* (Abb. 64) wird wegen ihres eigenartigen Blütenbaus Fensterblütenpflanze genannt. Bei den in einer großen runden Dolde stehenden Blüten sind die Zipfel der breit schüsselförmigen Krone stark verlängert und bleiben an ihrer Spitze miteinander verbunden. Dadurch entstehen fünf fensterartige Öffnungen. Die Blüten sind schwarzviolett und am Grunde heller gefärbt.

Recht merkwürdige Blütenstände finden sich auch bei der in tropischen Gebieten beheimateten Gattung *Dorstenia* (Abb. 65). Wie alle Maulbeergewächse hat auch diese Gattung eingeschlechtige Blüten, die in bizarr geformten Blütenständen stehen. Die Blüten sind klein und unscheinbar und sitzen dicht gedrängt auf einem schildförmig abgeflachten, schokoladenfarbenen Kissen, das sternförmig von dünnen borstenartigen Hochblättern umgeben ist. Zur Reifezeit bildet sich in dem Blütenkissen ein Schwellgewebe, das auf die Hüllblätter einen Druck ausübt und dadurch die Früchte, es handelt sich um Nüßchen, einige Meter weit schleudert.

Eine Tropenschönheit von besonderem Reiz sind die auffallenden und ansehnlichen Blüten der Gattung *Costus*, die zu den Ingwergewächsen gehört. Hier ist ein Staubblatt zu einem besonderen Schauorgan, dem großen, verkehrteiförmigen gefärbten Labellum, umgewandelt, und auch die Filamente der Staubblätter sind kronblattartig verbreitert. Die Art *Costus speciosus* (Abb. 60) entwickelt einen aufrechten zapfenförmigen Blütenstand, der am oberen Ende eine große gelbe Blüte trägt. Die nach außen umgeschlagenen Ränder haben auffallende rotbraune Streifen.

Einige Blüten «verstecken» den Nektar am Blütengrund, damit die Insekten während der Suche die Bestäubung vornehmen. Solche Einrichtungen haben die Passionsblumen (Gattung *Passiflora*), die als Rankenpflanzen in einer großen Artenzahl vor allem im tropischen Urwald in Amerika, aber auch in Asien,

Australien und Ozeanien vorkommen. Eigenartig, aber zweckmäßig im Aufbau, sind die Blüten. Zwischen der Blumenkrone und den auf einer Säule sitzenden fünf Staubblättern und drei Narben befindet sich ein Kreis fadenförmiger Gebilde, der als Nebenkrone bezeichnet wird und der den becherförmigen Blütenboden mit den Nektarbehältern verschließt. Der Nektar ist nur durch einen schmalen ringförmigen Spalt zugänglich, der von kleinen Insekten nicht erreicht werden kann. Die Bestäuber müssen einen langen Rüssel haben, um an den Nektar heranzukommen. Die relativ großen Tiere laufen nun auf dem Strahlenkranz umher und berühren mit ihrem Rücken die höherstehenden Geschlechtsorgane. Dadurch wird die Bestäubung vollzogen.

Der Strahlenkranz ist bei den einzelnen Arten unterschiedlich in Form und Farbe. Bei der Melonengranadille *(Passiflora quadrangularis)* sind die Kronblätter rötlich und die langen Fäden des Strahlenkranzes weiß und purpurn (Abb. 63). Bei *Passiflora racemosa* (Abb. 62) hebt sich der weiße Fadenkranz wirkungsvoll von der scharlachroten Krone ab.

Rücksichtslos gegenüber den blütenbesuchenden Gästen sind die Blüten der Ordenssterne (Gattung *Stapelia*), die zu den Schwalbenwurzgewächsen gehören. Die meisten von ihnen riechen stark nach Aas, so daß die Aasfliegen im Innern der Blüten ihre Eier oder Larven ablegen, die aber dann zugrunde gehen, weil sie keine Nahrung vorfinden. Da die Pflanzen aber nur vereinzelt in den Wüstengebieten Südwest- und Südafrikas vorkommen, werden die Pollenüberträger nicht ausgerottet. Kleine Blüten von nur 3 cm Durchmesser hat *Stapelia flavopurpurea* (Abb. 61). Sie sind flach radförmig und tief fünfspaltig. Ihre Farbe ist auffallend dunkelgelb mit unregelmäßig starken Querschwielen. Die Mitte der Blüte ist weiß und mit roten Keulenhaaren besetzt. Das Besondere an dieser in der Karroo-Wüste in Südafrika heimischen Pflanze ist, daß ihr kein Aasgeruch wie den anderen Angehörigen der Gattung entströmt, sondern ein angenehmer Honigduft.

Wie wir bei den Ordenssternen gesehen haben, spielt bei der Anlockung der Insekten neben der Farbe der Duft eine beträchtliche Rolle. Dabei handelt es sich durchaus nicht immer um die von Veilchen und Rosen gewohnten Wohlgerüche, sondern an erster Stelle stehen die sogenannten «Aasblumen», die insbesondere zu den Familien der Aronstabgewächse (Araceae), Osterluzeigewächse (Aristolochiaceae) und den bereits erwähnten Schwalbenwurzgewächsen (Asclepiadaceae) gehören. Die Aasblumen locken mit meist gelblich-brauner oder schwarzroter Farbe und einem für uns widerlichen, zuweilen ekelerregenden Geruch Fliegen und Käfer an. Sie täuschen damit faulendes Fleisch vor, von dem diese Tiere gewöhnlich fressen oder in dem sie ihre Eier ablegen. Auf welche ungewöhnliche Art und Weise manche Pflanzenarten dabei die Bestäubung sichern, sollen einige Beispiele zeigen.

Die Blütenstände der Aronstabgewächse sind besonders auffallend durch die Größe und Färbung des oft röhrig oder tütenförmig gestalteten Hüllblattes, das als Blütenscheide (Spatha) den kolbenförmigen Blütenstand am Grund umschließt. Am Beispiel des in schattigen Laubwäldern Europas wachsenden Aronstabes *(Arum maculatum)* soll die Funktion der dadurch entstandenen «Kesselfallenblume» näher erläutert werden (Abb. 66, 68). Die Pflanze entwickelt im April bis Juni einen purpurroten kolbigen Blütenstand, der von einem großen grünlichweißen Hüllblatt umgeben ist. Der untere Teil dieser Blütenscheide bildet einen Kessel. Den Eingang zu ihm verschließen schräg nach unten gerichtete Borsten am Kolben. Darunter befinden sich die männlichen und anschließend die weiblichen Blüten. Durch chemische Vorgänge entwickelt die Pflanze im unteren Teil der Blüte eine höhere Temperatur, die zusammen mit den Geruchsstoffen die Insekten zur Bestäubung anlockt. Kleine Fliegen, insbesondere die frühschwärmenden Schmetterlingsmücken, kriechen daraufhin in die Kesselfalle. Wegen der steifen Borsten können sie aber nicht wieder heraus. Bis zu 4000 solcher kleiner Mücken wurden in einer Kesselfalle gezählt. Die Tiere kommen meistens beladen mit dem Pollen einer früher besuchten Pflanze an. Beim Umherkriechen in dem Kessel bestäuben sie damit die weiblichen Blüten am unteren Teil des Kolbens. Nach erfolgter Bestäubung erschlaffen die steifen Borsten, so daß die Insekten die mehr oder weniger gastliche Kesselfalle wieder verlassen können. Dabei öffnen sich die Staubgefäße und bestreuen die Tiere mit Pollen, den sie nunmehr in andere Blüten tragen.

Bei den tropischen und subtropischen Vertretern dieser Familie haben die Blütenstände durch Größe und Gestalt der Hüllblätter, durch Fortsätze und Anhängsel des Kolbens ein höchst sonderbares Aussehen erhalten.

Die etwa 80 Arten umfassende Gattung *Amorphophallus* gehört zu diesen Sonderlingen im Pflanzenreich. Beheimatet sind ihre Vertreter in den tropischen Wäldern der indonesischen Inseln, in Vorderindien und auf Sri Lanka (Ceylon). Der Blütenstand der Titanenwurz *(Amorphophallus titanum)*, die 1878 auf Sumatera entdeckt wurde, treibt aus der bis 50 cm Durchmesser erreichenden und bis 34 kg schweren Knolle sehr schnell aus, da genügend Reservestoffe vorhanden sind. In wenigen Tagen kann er seine stattliche Höhe bis zu 2 m erreichen. Die bis 1,3 m große Blütenscheide ist braunpurpurn, innen grünlich und am Grunde röhrenförmig. Die Blüten strömen einen Aasgeruch aus und ziehen Fliegen in großer Zahl an. Forschungsreisende haben auf Sumatera beobachtet, daß auch Elefanten als Bestäuber wirken, die aus der Blüte trinken und mit der Stirn Pollen aus dem Kessel abreiben und diesen zur nächsten Pflanze übertragen. Nach der Bestäubung faulen die oberirdischen Teile ab. Erst danach erscheint das einzige Laubblatt mit einem bis 5 m langen Stiel von 10 cm Dicke. Die Blattspreite, deren Abschnitte bis 3 m lang werden können, entfaltet sich schirmartig.

Ähnlich gestaltet, aber nicht ganz so groß ist *Amorphophallus eichleri* (Abb. 67) aus dem tropischen Westafrika.

Ebenfalls als Kesselfallenblumen ausgebildet sind die seltsamen und eindrucksvollen Blüten der Gattung *Aristolochia*, Osterluzei, deren 300 Arten vorwiegend in den tropischen und subtropischen Gebieten Amerikas, Afrikas und Südostasiens vorkommen. Die verwachsenen Blütenblätter laufen in einer Röhre aus, die sich zu einem bauchigen Blütenkessel erweitert. Auffallend an der Blütenhülle ist der farbige Saum, der als Anflugplatz für die besuchenden Insekten dient. Der engen Blütenöffnung entströmt gleichfalls Aasgeruch. Erwin Lindner beschrieb 1928 den komplizierten Blütenaufbau von *Aristolochia lindneri* wie folgt:

«Hinter dem mächtigen Schauapparat der Unterlippe liegt der wichtigste Teil der Blüte. Statt der einfachen mit Haaren ausgekleideten Röhre der anderen Arten führt hier ein winkelig geknickter Vorhof mit fast glatten Wänden an eine senkrechte Querwand, welche den dahinterliegenden Raum abschließt und nur eine trichterförmige Öffnung trägt, durch welche die Besucher auf den Blütengrund dringen können. Dieser Raum, die Kesselfalle, ist sonst ganz abgeschlossen; es entströmt ihm der für Aasfliegen so unwiderstehliche Duft; auf seinem Grunde birgt er die Säule der Geschlechtsorgane. Um den Gästen den Weg durch den dunklen und winkelig gebogenen Vorhof zu zeigen, ist die dunkelbraune Farbe gerade an jenen Stellen fortgelassen, die von ihnen notwendig beschritten werden müssen, um schließlich zu der kleinen Öffnung in der wenig gefleckten Querwand zu gelangen, durch welche das helle Licht des dahinterliegenden Raumes leuchtet. Seine Wände sind nur schwach gefleckt, und die relative Lichtfülle täuscht den zögernden Eindringling wohl ein Hintertürchen, einen neuen Ausweg ins Freie vor.»

Die Geschlechtsorgane befinden sich am Grund des Kessels. Sie umgibt ein hell durchscheinendes Ringfenster, dessen Wirkung durch eine dunkle Ringblende noch gesteigert wird. Wenn die Insekten sich auf dieses Fenster zu bewegen, streifen sie an den bestäubungsreifen Narben den Pollen ab.

Größere Blüten entwickelt *Aristolochia grandiflora*, bei der sie einen Durchmesser von 30 cm und mehr erreichen können und damit zu den größten Blüten im Pflanzenreich gehören. Ihr lilafarbener, etwas schillernder Grundton wird von rotbraunen Flecken unterbrochen, während der schwarzbraune Schlund schwach ockergelb umsäumt ist. Der nach unten hängende geschwänzte Saum wird bis 60 cm lang. Anders in Form und Farbe ist *Aristolochia brasiliensis* (Abb. 71), sie überrascht durch ihr elegantes Linienspiel und durch die feine netzartige Aderung. Der Blüteneingang von *Aristolochia elegans* (Abb. 70) ist durch eine Kontrastfärbung besonders auffällig gekennzeichnet. Er ist in der Mitte gelb und außen purpurn.

Ebenfalls stark ausgeprägt sind die Blüten der Leuchterblumen (Gattung *Ceropegia*) aus der Familie der Schwalbenwurzgewächse. Hier finden wir eine sinnvolle Kombination der Kesselfallenblüten mit anderen blütenökologischen Einrichtungsformen. Neben dem Aasgeruch dienen interessante, meist antennenförmige Flimmerkörper der Anlockung, und außer der Kesselfalle ist die sogenannte Klemmfalle in der Blüte vertreten. Wahre Kunstwerke der Natur sind diese Blüten, denn keine andere Pflanzengattung entwickelt solche bizarren Gestalten. Von der nur etwa 1,5 cm großen Blüte von *Ceropegia cancellata* bis zum 8 cm langen «Fallschirm» von *Ceropegia sandersonii* gibt es die merkwürdigsten Blütenformen und Farbvariationen in der mehr als 150 Arten umfassenden Gattung, die in Afrika, auf Madagaskar, in Indien und Südostasien beheimatet ist. Zwei besonders auffallende Leuchterblumen sollen hier vorgestellt werden.

Ceropegia galeata (Abb. 72) hat relativ große Blüten mit einer kesselförmigen Röhre an der Basis. Diese Röhre wird in der Mitte schmal und erweitert sich nach oben zu einem schirmartigen Dach mit fransigen und beweglichen purpurfarbenen Flimmerhaaren. Die Farben schwanken von graugrün mit braunvioletten Punkten bis zu gelblich.

Die Blüten von Ceropegia distincta var. haygarthii (Abb. 73) sind hell graugrün und weinrot gefleckt. Die trichterförmige Öffnung wird von fünf Fenstern gebildet. Darüber erhebt sich ein von einem feinen Stiel getragenes bewimpertes Laternchen.

Bei allen Ceropegia-Arten dienen in der Röhre abwärts gerichtete Haare als Fallen, die die Insekten am Herauskriechen hindern. Erst nach der Bestäubung welkt die Blütenhülle, und die Tiere werden frei.

Eine Kombination von Gleit-, Licht- und Klemmfalle ist die Blüte des Rotbraunen Frauenschuhs (Cypripedium calceolus), einer auch in Mitteleuropa vorkommenden und in vielen Ländern geschützten Orchidee (Abb. 69). Die Blüten stehen meist einzeln, selten zu zweit, auf schlanken Stielen über den großen eiförmigen Blättern. Die pantoffelförmige Lippe in Goldgelb hebt sich wirkungsvoll von den umgebenden rotbraunen Perigonblättern ab. Die Schauwirkung der gelben Lippe wird durch transparente Lichtfenster gesteigert. Der Rand der Lippe ist nach innen gewölbt und wie der gesamte Schuh glatt und glänzend, so daß die anfliegenden Insekten keinen Halt finden und in den Schuh gleiten. Beim Herauskriechen werden sie von einem «Staketenzaun» aus kleinen Haaren mit ihrer Rückseite an die darüber befindliche Narbe gedrückt und streifen dabei den von einer anderen Blüte mitgebrachten Pollen ab. Dann zwängen sich die Tiere durch die enge Lippenöffnung und nehmen wieder klebrigen Blütenstaub auf.

Die Standorte des Frauenschuhs sind lichte bis schattige Laubwälder, lichte Kiefern- oder Mischwälder sowie lichtdurchflutete Steppenheidewälder, stets auf Kalkunterlage. Die allgemeine Verbreitung erstreckt sich von Mittel- und Nordeuropa über den Kaukasus bis nach Sibirien. Im Mittelmeergebiet fehlt die Art. Alexander von Humboldt berichtete 1829 von seiner Ural-Altai-Reise über den Reichtum der Frauenschuhbestände im Uralgebiet, die hier zu Hunderttausenden vorkommen. Heute ist der Frauenschuh im gesamten Verbreitungsgebiet selten geworden.

Alle bisher besprochenen Pflanzen fangen die Insekten nur zur Bestäubung und lassen sie danach in der Regel wieder frei. Sie unterscheiden sich damit deutlich von den insektenfressenden Pflanzen, die wir an anderer Stelle noch behandeln werden.

Ragwurtz mennle.

Wohl kaum eine andere Pflanzenfamilie vermag hinsichtlich der Formenmannigfaltigkeit der Blüten mit den Orchideen zu konkurrieren. Die vielen Anpassungen und Spezialisierungen der Blüten interessieren nicht nur die Botaniker, sondern sie führten auch bei manchen Arten zu einer so ausdrucksvollen Schönheit, daß die Orchideen unter den Zierpflanzen eine hervorragende Stellung einnehmen. Während die europäischen Orchideen, mit Ausnahme des Frauenschuhs, relativ kleine Blüten haben, faszinieren viele tropische Vertreter allein durch ihre Blütengröße. Die Orchideen sind aber nicht nur eine der schönsten und interessantesten Pflanzenfamilien, sondern mit rund 25 000 auf alle Kontinente verteilten Arten auch die artenreichste. Bei dieser Fülle ist es natürlich nicht möglich, in diesem Buch auch nur einen annähernden Überblick über die Orchideen zu geben, sondern wir müssen uns mit einer sehr kleinen Auswahl begnügen. Den weiter interessierten Leser verweisen wir auf die umfangreiche Spezialliteratur.

Im tropischen Regenwald an der Ostküste von Madagaskar wächst die Orchidee *Angraecum sesquipedale* (Abb. 74), die einen ausgesprochen langen Blütensporn trägt. Ihre Blüten sind bei einem Durchmesser von etwa 15 cm reinweiß und besitzen einen Sporn von 20 bis 30 cm Länge, den längsten im gesamten Pflanzenreich. Am Grund des Sporns befindet sich Nektar, den Schmetterlinge, angelockt durch einen starken Duft nach Vanille, mit ihrem entsprechend lang ausrollenden Rüssel saugen und dabei die Blüte bestäuben. Die eigenartige Blüte gab den Botanikern und den Entomologen lange Zeit viele Rätsel auf, denn man kannte keinen Schmetterling, der einen so langen Rüssel besaß. Darwin erhielt 1862 aus Madagaskar diese Pflanze und sagte einen derartigen Schmetterling voraus. Der Schmetterling wurde tatsächlich im Jahre 1903 entdeckt und erhielt den Namen *Xanthopan morgani praedicta,* was «der Vorausgesagte» bedeutet.

Zu den sonderbarsten Orchideen gehört die mittelamerikanische und südamerikanische Gattung *Catasetum* (Abb. 76). Schon Darwin nannte diese Pflanze die merkwürdigste aller Orchideen. Die Blüten sind eingeschlechtig und außergewöhnlich verschiedengestaltig. Sie haben eine raffinierte Einrichtung zur Bestäubung. Bei der männlichen Blüte wachsen im Zentrum zwei fadenförmige Gebilde, die in die höhlenartig erweiterte und stark gefranste Lippe hineinragen. Diese Antennenfühler sind mit den Pollinien verbunden. Beim Berühren durch ein anfliegendes Insekt werden die Pollinien explosionsartig herausgeschossen und heften sich mit Klebscheiben an den Rücken des blüten-

besuchenden Tieres. Bei dem anschließenden Besuch einer weiblichen Blüte wird der Pollen dann leicht an der querstehenden Säule abgestreift.

Noch eine Besonderheit zeichnet diese Blüten aus. Sie liefern den Goldbienenmännchen der Gattung *Euglossa* keinen Nektar, sondern ein Duftsekret, das die Männchen sammeln und in besonderen Organen speichern. Diese Duftstoffe dienen nach Untersuchungen von Stefan Vogel (1966) zum Markieren des Balzflugraumes.

Von auffallender Gestalt, fast grotesk anmutend, sind die Blüten der in Zentralamerika, in Peru und Kolumbien vorkommenden epiphytischen Orchideengattung *Stanhopea* (Abb. 75). Eigenartig ist schon, daß die Blüten aus dem Wurzelballen nach unten wachsen. Wirklich faszinierend sind die Blüten aber in ihren ungewöhnlichen Gestalten, in ihrer Farbe und ihrem intensiven Duft. Die Lippe stellt einen äußerst komplizierten Schauapparat dar und ist wie die Geschlechtssäule abwärts gerichtet, während die fünf anderen Blütenblätter nach oben zurückgeschlagen sind. Die beiden seitlichen äußeren Blütenblätter spreizen auseinander und sind hohl gebogen, das mittlere Blütenblatt richtet sich aufwärts. Die beiden seitlichen inneren Blütenblätter schlagen ganz nach hinten. Alle Blütenblätter sind hellgelb mit zahlreichen dunkelpurpurnen Flecken. Die dickfleischige Lippe ist in drei Abschnitte gegliedert, von denen der hintere einen gegen die Geschlechtssäule hin mit weiter Öffnung versehenen Kessel bildet. Hier entwickelt sich ein an Nährstoffen reiches Futtergewebe, das die Insekten abweiden. Beim Herauskriechen gleiten sie an der glatten Oberfläche der Lippe herab und reißen im Sturz die Pollinien mit ab oder streifen mitgebrachten Pollen an die Narben. Im vorderen Teil der Lippe befinden sich zwei hornartige Auswüchse. Danach werden die Pflanzen in ihrer Heimat «toritos» (Stierchen) genannt.

Beim Entfalten der Blütenknospen tritt bei den Orchideen eine interessante Lageverschiebung ein. Das Besondere der Orchideenblüte ist ihre verkehrte Lage in der Knospe. Erst beim Aufblühen erfolgt eine Drehung des Blütenstieles und des Fruchtknotens um 180 Grad, die sogenannte Resupination. Dadurch werden die einzelnen Blütenglieder in eine der Ausgangslage entgegengesetzte Richtung, die Lippe als das wichtigste Anflugorgan für die blütenbesuchenden Insekten also nach unten gerichtet, gebracht (Abb. 80, 81). Beim Frauenschuh kippt die Einzelblüte um, und bei vielen tropischen epiphytischen Orchideen dreht sich der gesamte Blütenboden (Abb. 82, 83).

Bei den kleinen Moororchideen *Malaxis monophyllos* und *Hammarbya paludosa* beträgt die Resupination 360 Grad, die Blüte kommt also nach der Drehung wieder in ihre ursprüngliche Lage zurück.

Beim Widerbart *(Epipogium aphyllum)* erfolgt dagegen diese Drehung nicht, so daß beim Aufblühen die Lippe nach oben gerichtet ist (Abb. 79). Der blattlose Widerbart wächst als Saprophyt (Humusbewohner) in schattigen und feuchten Laubwäldern zwischen faulenden Blättern und in Fichtenwäldern im Moos und in der Nadelstreu. Er ist von Süd- und Mitteleuropa bis Sibirien und zum Kaukasus verbreitet und vermehrt sich vorwiegend vegetativ durch Ausläufer des Wurzelstockes. Die Pflanzen können jahre- bis jahrzehntelang mit Blühen aussetzen und erscheinen dann plötzlich wieder aus dem braunen Erdboden.

Während beim Widerbart die Nichtdrehung des Blütenstieles typisch ist, gibt es gelegentlich diese Erscheinung auch bei anderen Orchideenarten, die dann unnatürlich wirken. Vor allem beim Purpurknabenkraut *(Orchis purpurea)* ist das zu beobachten (Abb. 77, 78).

Ungewöhnlich in der Gestalt der Blüten sind die Vertreter der Orchideengattung Ragwurz *(Ophrys)*, die mit 22 Arten vorwiegend im mediterranen Raum, aber auch in Mittel- und Westeuropa bis Skandinavien, im westlichen Asien und in Nordafrika verbreitet ist. Besonders Form und Farben der Lippen weichen von den übrigen Blütenblättern stark ab. Samtartig und mit einem deutlichen Mal versehen, ähneln sie einem Insektenkörper. Wir haben es hier mit einer besonderen und interessanten Methode der Bestäubung zu tun. Im Gegensatz zu den meisten anderen Blütenpflanzen werden bei den Ragwurzarten die Bestäuber nicht mit Pollen oder Nektar, der gar nicht abgeschieden wird, sondern ausschließlich durch Duft und Gestalt der Blüte angelockt. Die Blüten sind nämlich hochspezialisierte Weibchenattrappen für die Männchen verschiedener Insekten. Sie reizen bei den Tieren also nicht den Nahrungstrieb, sondern den arterhaltenden Fortpflanzungstrieb. Bereits 1917 haben A. Pouyanne in Nordafrika und M. J. Godfery in England beobachtet, daß ausschließlich Männchen von Bienen- und Wespenarten die Blüten dieser Orchideen besuchen. Eine Erklärung dafür fand man damals aber noch nicht. Erst in den letzten 25 Jahren wurden durch B. Kullenberg und andere Wissenschaftler mit Hilfe intensiver Beobachtungen an *Ophrys*-Arten die Wechselbeziehungen zwischen den Blüten und Insekten genauer erforscht.

Es sind vor allem Männchen der Grabwespen (Sphecidae), der Erdbienen (Gattung *Andrena*), der Dolchwespen (Scoliidae) und der Langhornbienen (Gattung *Eucera*), die durch die Farben und Formen der Lippen und durch Geruchsreize angelockt werden. Dabei spielt offenbar der Duft eine besondere Rolle, da er mit den artspezifischen Sexuallockstoffen der entsprechenden Weibchen übereinstimmt und dadurch die Männchen zum Blütenbesuch veranlaßt. Durch die Gestalt der Lippe wird dann das Männchen zum Landen auf der Blüte angeregt, und es versucht, die Kopula durchzuführen. Bei den dabei auftretenden unruhigen Suchbewegungen erfolgt die Bestäubung. Während bei anderen Pflanzen die Insekten mit Nektar oder Pollen belohnt werden, geschieht das bei diesen Blüten nicht. Die Insekten werden also getäuscht, denn die Blüten bieten nur «leere Versprechungen».

Von den auch in Mitteleuropa vorkommenden Ragwurzarten ist die Fliegenragwurz *(Ophrys insectifera)* am weitesten verbreitet (Abb. 84), denn ihr Areal reicht bis nach Skandinavien. Die Lippe gleicht einer bunten Fliege, die mit gestreckten Fühlern auf einer grünlichen Blüte sitzt. Als Bestäuber wurden bei ihr bisher nur die Männchen der Grabwespe *Gorytes mystaceus* beobachtet.

Die Spinnenragwurz *(Ophrys sphegodes)* blüht als erste Ragwurzart in Mitteleuropa bereits ab Ende April an sonnigen kalkhaltigen Hängen und auf Trockenwiesen (Abb. 85). Form und Zeichnung der Lippe haben große Ähnlichkeit mit einer Spinne.

Im Mittelmeergebiet wird die Bienenragwurz *(Ophrys apifera)* durch die Männchen von Langhornbienen bestäubt (Abb. 86). Sie ist aber auch auf Selbstbestäubung eingerichtet, wenn keine geeigneten Insekten vorhanden sind. Das ist in Mitteleuropa der Fall, wo diese kleine Orchidee erst in der nacheiszeitlichen Wärmeperiode eingewandert ist und erfreulicherweise noch relativ viele Standorte besiedelt. Hier kommt es nur zur Selbstbestäubung, indem sich die Pollinien auf die Narbe derselben Blüte senken.

Die größten Blüten der mitteleuropäischen Arten besitzt die Hummelragwurz *(Ophrys holosericea)*, die von Ende Mai bis Ende Juni blüht.

Eine ausgeprägte Wechselbeziehung zwischen Blüte und Insekt ist beim Feigenbaum *(Ficus carica)* festzustellen (Abb. 87). Die urnenförmige Blütenstandsachse trägt in ihrem Inneren die kleinen Einzelblüten, die nur durch eine schmale Öffnung zu erreichen sind. Dabei ist eine deutliche Trennung der Geschlechter festzustellen. Es gibt einerseits Pflanzen mit nur weiblichen Blüten, während andere in der oberen Hälfte des Blütenstandes männliche Blüten und darunter rückgebildete weibliche, die sogenannten Gallblüten, entwickeln. Kleine Gallwespen der Art *Blastophaga grossorum* besuchen die Blüstenstände und legen in die Gallblüten ihre Eier. Die Nachkommen verlassen, beladen mit Pollen, den Blütenstand, fliegen damit zu den rein weiblichen Blütenständen anderer Bäume und bestäuben die empfängnisbereiten Narben. Da die Narben relativ lang sind, können die Insekten ihren Legestachel nicht in den Fruchtknoten einführen und in diesen Blüten keine Eier ablegen.

Schon in der Antike wiesen Theophrast und Plinius darauf hin, daß neben den Früchten liefernden Feigenbäumen wilde Feigen angepflanzt werden sollten, weil sich in den wilden Feigen kleine Insekten befinden, die ausschlüpfen, auf die Kulturfeigen übergehen und dadurch die Früchte zur Reife bringen. In Ägypten war es zu einem Ritual geworden, in einen blühenden Feigengarten die Zweige der Ziegenfeige, Kaprificus, hineinzutragen. Die Gallwespen, beladen mit Pollen der Kaprificus, schlüpfen in die Blüten der Eßfeigen und bestäuben sie. Interessant ist, daß auch in 3000 Jahre alten Feigenfrüchten aus ägyptischen Gräbern die Gallwespe gefunden wurde.

Die zweifellos stärkste gegenseitige Abhängigkeit zwischen Pflanze und Tier besteht bei den zu den Agavengewächsen gehörenden Palmlilien *(Yucca-*Arten), von denen rund 35 Arten in den Trockengebieten der südlichen USA und im nördlichen Mittelamerika vorkommen. Die großen, ansehnlichen weißen hängenden Glockenblüten der Adamsnadel *(Yucca filamentosa)* stehen in großen endständigen Rispen (Abb. 88). Die Blüten werden von der kleinen weißen Motte *Pronuba yuccasella* bestäubt. Gegen Abend öffnen sich die Blüten und verbreiten einen starken Duft. Das Mottenweibchen wird dadurch angelockt, sammelt auf den Blüten den Pollen ein und formt ihn zu einer Kugel. Beim Besuch einer anderen Blüte legt es mit seiner langen Scheide ein Ei in den Fruchtknoten und drückt anschließend einen Teil des mitgebrachten Pollens in die Narbenfurchen. Die aus den Eiern schlüpfenden Larven verzehren einige der Samenanlagen. In den anderen Fächern des

Schema der Befruchtung bei den Feigen:
a Blütenstand mit männlichen (St. B.) und Gallenblüten (G. B.)
b Blütenstand mit weiblichen Blüten (Sa. B.)

Fruchtknotens bilden sich jedoch Samen, die der Vermehrung und damit der Bestanderhaltung der Pflanzen dienen. Während also der eine Teil der Blüte durch die Mottenlarven aufgezehrt wird, sorgt das Mottenweibchen für die Bestäubung und damit für die Vermehrung. Hier sind Blüte und Insekt hochspezialisiert und aufeinander weitestgehend angewiesen.

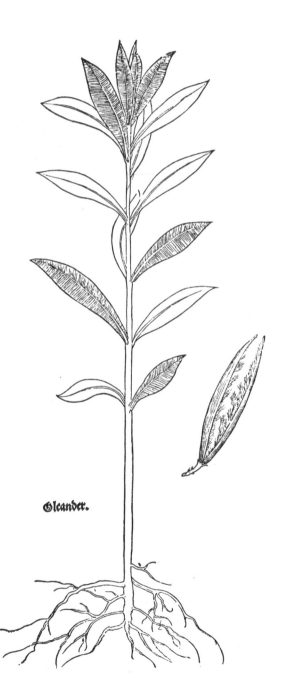

Oleander.

In den tropischen und subtropischen Gebieten der Erde spielen nicht nur die Insekten, sondern auch die Vögel bei der Bestäubung der Blüten eine große Rolle. Man rechnet mit etwa 2000 dieser Vogelarten, von denen die Kolibris in Amerika, die Nektarvögel in Afrika, Südostasien und Australien sowie die Honigfresser in Australien und Neuguinea die wichtigsten sind. Wie die Blüteninsekten sind auch die blumenbesuchenden Vögel durch besondere Eigentümlichkeiten gekennzeichnet, wie umgekehrt die von ihnen besuchten Blüten vielfache Anpassungen an die Bestäuber ausgebildet haben. Die Tiere kommen zu den Blüten in erster Linie, um Nektar als Nahrung und Wasser zu erhalten. Nebenbei verzehren sie auch Pollen oder kleine Insekten. Diese Tiere sind fleißigere und intensivere Blütenausbeuter als die Insekten. Man hat beobachtet, daß ein kleiner Kolibri in dreieinhalb Stunden 42 Futterflüge unternahm und dabei rund 1300 Blüten besuchte. Weiterhin wurde errechnet, daß ein Kolibri über 1000 Fuchsienblüten besuchen muß, um seinen täglichen Energiebedarf zu decken.

Die Kolibris sind die bekanntesten Blumenvögel. Als äußerst gewandte und schnelle Flieger schwirren sie mit bis zu hundert Flügelschlägen pro Sekunde vor den Blüten, tauchen ihre langen, spitzen Schnäbel wie Sonden in die Blütenkelche, lassen ihre langen, schmalen und an der Spitze zweigeteilten Zungen flink vor- und zurückschnellen und schlecken in Sekundenschnelle, immer frei schwirrend, die Nektartröpfchen auf. Die Vogelblüten unterscheiden sich durch meist reichlichere Nektarproduktion und größere Ausmaße von den Insektenblüten. Das Anlocken der Vögel erfolgt durch lebhafte auffallende Farben. Besonders grelles Rot wird bevorzugt, da es als Signalfarbe eine starke Wirkung auf die Vögel ausübt.

Zu den wahrscheinlich schönsten Vogelblumen zählen die großen trichterförmigen Blüten der *Hibiscus*-Arten, von denen mehr als 250 in den Tropen wachsen. Sehr ausdrucksvoll sind die Blüten der auf Hawaii vorkommenden Art *Hibiscus regius*, die dort als Nationalblume geehrt wird (Abb. 89). Eine großblütige Züchtung ist «Flamengo» mit gelb-weißen Blüten und rotem Schlund. Die Blüten werden auch in roten und rosa Farbtönen im Haar getragen. Sie stehen meist einzeln an den Zweigen, sind relativ groß und besitzen überwiegend fünf Kronblätter. Aus der Mitte erhebt sich der lange Griffel mit den Narben, der auch die Staubgefäße trägt. Eine weitere sehr bekannte Art ist der Chinesische Roseneibisch *(Hibiscus rosa-sinensis)*, von dem durch Züchtungen eine Vielzahl schöner Sorten entwickelt worden sind (Abb. 92). Von eigenartigem Reiz ist auch das «Ohrgehänge der Prinzessin» *(Hibiscus schizopetalus)* aus dem tropischen Ostafrika (Abb. 91). Die lang herabhängenden Blüten haben zurückgebogene und tief eingeschlitzte Kronblätter von orangeroter bis roter Farbe. Staubblätter und Griffel ragen weit aus der Blüte heraus. In ihrer Heimat besuchen Nektarvögel (vor allem *Cinnyris*-Arten) die schönen Blüten. Frei vor einer Blüte schwebend, führen sie ihren langen Schnabel in den nektarhaltigen Blütengrund. Dabei kommen sie zuerst mit der Narbe und dann mit den Staubbeuteln in Berührung. Die relativ großen und mit kleinen Stacheln versehenen Pollenkörner bleiben am Schnabel und am Gefieder haften und gelangen so von einer Blüte zur anderen. Bei der zu den Bananengewächsen (Musaceae) gehörenden Paradiesvogelblume *(Strelitzia reginae)* aus Südafrika sind ebenfalls Nektarvögel die Bestäuber (Abb. 93). Die besondere Eigenart der Blüte liegt in der Form, in der Farbenzusammenstellung und im Bestäubungsmechanismus. In einem kahnförmigen Hochblatt (Spatha), das von hohen Stielen getragen wird, sitzen vier bis sechs Blüten. Eine Blüte nach der anderen tritt aus der graugrünen Hülle hervor und entfaltet sich im Laufe mehrerer Tage. Eindrucksvoll sind die Farben der orangeroten Kelchblätter und der himmelblauen Kronblätter. Zwei der Kronblätter sind zu einer lanzenförmigen Röhre verwachsen, in der sich die Staubblätter befinden und durch die die Narbe hindurchwächst. Beim Auffliegen der Honigvögel drücken die Tiere die Blütenröhre auseinander. Dabei werden die Staubbeutel frei, und die Vögel berühren beim weiteren Eindringen in die Blüte mit dem Bauch den klebrigen Pollen, der haften bleibt und auf der nächsten Blüte an der hervorgetretenen Narbe abgestreift wird.

Beim Korallenstrauch *(Erythrina crista-galli)* ist die für die Schmetterlingsblütengewächse typische Blüte zu einem großen und breiten, tellerartig vertieften Schauorgan umgestaltet (Abb. 90). Aus dem Schiffchen ragen Staubblätter und Griffel etwas heraus. Die dunkel kirschrote Blütenfarbe lockt Nektarvögel zur Bestäubung an. Durch Regierungserlaß wurde der Korallenstrauch in Argentinien zur Nationalblume erklärt. Eine ähnliche Verordnung gibt es auch in Uruguay. Der Baum wächst in Galeriewäldern Südamerikas an bodenfeuchten Standorten. Wegen seiner auffallenden Blüten wird er auch vielfach als Parkbaum, in Europa als Kübelpflanze kultiviert.

Unter den Säugetieren haben nur die Fledermäuse als Bestäuber größere Bedeutung. Als Nachttiere benötigen sie zum Besuch der Blüten keine Reize durch auffallende Blütenfarben. Dafür strömen die Blüten meistens einen säuerlich-muffigen Geruch aus, sondern größere Mengen schleimhaltigen Nektar ab und produzieren reichlich Pollen. Die Pflanzen sind Nachtblüher. Damit die Fledermäuse an die Blüten herankommen, müssen diese frei über den Blättern stehen oder an langen Stielen herabhängen.

Eine typische Fledermausblüte ist bei *Marcgravia evenia* zu erkennen (Abb. 94). Diese lianenartige Tropenpflanze bildet an den Triebenden hängende Blütenstände. Auffallend dabei sind die kannenähnlichen Nektarblätter, über denen sich die kleinen Blüten befinden.

Von Fledermäusen besucht werden u. a. auch die Bananen (Gattung *Musa*). Die Blüten sind hier zu großen hängenden Ährenständen vereinigt. Sie blühen darin vom Grunde her zur Spitze hinauf. Jeden Abend öffnet sich ein Hochblatt, so daß zwei Reihen der hellgelben eingeschlechtigen Blüten frei werden. Durch den für uns unangenehmen Geruch angelockt, krallen sich die Fledermäuse bei der Nahrungsaufnahme an dem derben Hochblatt fest, weiden die Blüten ab und nehmen dabei die Bestäubung vor.

Öffnungszeiten verschiedener Blüten

Ein interessantes Kapitel sind auch die «Öffnungszeiten» der verschiedenen Blüten. Wenn sich auch die meisten Blüten in den Morgenstunden öffnen und am Tage offen bleiben, so gibt es doch eine ganze Reihe Ausnahmen. Der schwedische Naturforscher Carl von Linné (1707–1778) hat sich als einer der ersten mit den Öffnungs- und Schließbewegungen bei den Pflanzen beschäftigt und 1770 im Botanischen Garten von Uppsala eine sogenannte Blumenuhr (Horologium Florae) angelegt, die einige typische Öffnungszeiten der Blüten zeigte.

Einen kleinen Überblick darüber, wann sich die Blüten einiger ausgewählter Pflanzen öffnen, gibt die nachfolgende Zusammenstellung:

4.00 Uhr Purpurtrichterwinde *(Ipomoea purpurea)*
5.00 Uhr Klatschmohn *(Papaver rhoeas)*
         Kürbis *(Cucurbita pepo)*
6.00 Uhr Schmalblättriges Weidenröschen *(Epilobium angustifolium)*
         Wegwarte *(Cichorium intybus)*
7.00 Uhr Huflattich *(Tussilago farfara)*
8.00 Uhr Sumpfdotterblume *(Caltha palustris)*

Im Gegensatz zu diesen Tagblühern gibt es etliche Pflanzen, die ihre Blüten erst am Abend oder sogar in der Nacht entfalten. Dazu gehören z. B.:

18.00 Uhr Gemeine Nachtkerze *(Oenothera biennis)*
19.00 Uhr Ackerleimkraut *(Silene noctiflora)*

Ausgesprochene Nachtblüher sind die Stechapfelarten (Gattung *Datura*) aus der Familie der Nachtschattengewächse (Solanaceae). Die großen trompetenförmigen Blüten öffnen sich gegen Abend (19.00–20.00 Uhr) und bleiben etwa 24 Stunden offen. Interessant ist, daß bei diesen Blüten der intensive Duft auch erst gegen Abend einsetzt, da nur Nachtfalter, wie bei den meisten Nachtblühern, diese Blüten besuchen. Diese Falter besitzen einen langen Rüssel, mit dem sie den Nektar am Grunde des Fruchtknotens erreichen können. Besonders auffallende Blüten hat die Engelstrompete *(Datura suaveolens)* aus Brasilien (Abb. 95). Sie sind weiß und werden bis zu 30 cm lang.

Von 21.00 bis gegen 3.00 Uhr öffnen die Vertreter der Kakteengattung *Selenicereus* ihre großen Blüten. Unter der Bezeichnung «Königin der Nacht» *(Selenicereus grandiflora* und *Selenicereus macdonaldiae)* sind die stark nach Vanille duftenden und bis zu 40 cm Durchmesser erreichenden strahligen Blüten immer wieder beeindruckend (Abb. 96). Die äußeren Blütenblätter sind bläulich-orangegelb. Auf den mittelamerikanischen Inseln Jamaika, Kuba und Haiti sowie in Argentinien beheimatet, werden diese Schlangenkakteen in Schaugewächshäusern, aber auch von vielen Kakteenfreunden in aller Welt als Attraktion kultiviert.

Die Blühdauer der Pflanzen ist sehr unterschiedlich. Einige Pflanzen blühen nur an einem Tag, da oft auch nur wenige Stunden. Zu diesen Eintagsblühern gehören unter anderem: der Europäische Sauerklee *(Oxalis europaea,* 8.00–16.00 Uhr) und der Reiherschnabel *(Erodium cicutarium,* 8.00–17.00). Dagegen blüht die Moosbeere *(Vaccinium oxycoccos)* achtzehn Tage lang. Bei anderen Pflanzen kann die Blühdauer sogar über 100 Tage betragen. So wird berichtet, daß sich Blütenrispen mit über 100 Blüten von der Malaienblume *(Phalaenopsis amabilis),* einer auf den Sundainseln wachsenden Orchidee, vier Monate lang gehalten haben (Abb. 97). Auch bei anderen tropischen und subtropischen Orchideen erstreckt sich die Blühdauer auf mehrere Wochen bis zu zwei Monaten. Beispiele dafür sind *Oncidium cruentum* mit 60 Tagen, *Paphiopedilum villosum* mit 70 Tagen und *Odontoglossum rossii* mit 80 Tagen (Abb. 98).

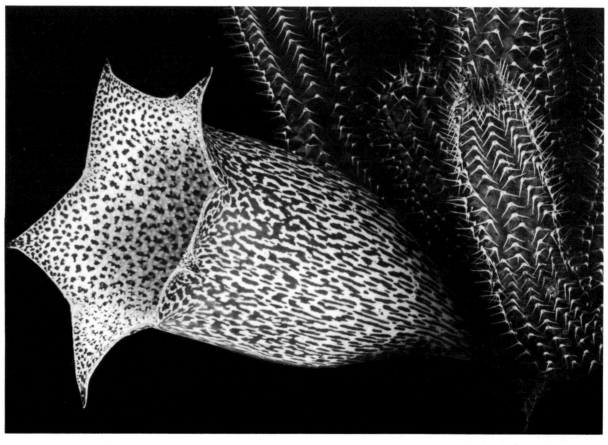

60 *Costus speciosus* mit einem aufrechten
zapfenförmigen Blütenstand

61 Ordenssterne werden die auffallenden,
aber nur 3 cm Durchmesser erreichenden Blüten von
Stapelia flavopurpurea aus Südafrika genannt

62 *Passiflora racemosa*

63 Die Riesen- oder Melonengranadille
(Passiflora quadrangularis) ist in den
Tropen weit verbreitet

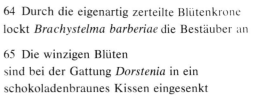

64 Durch die eigenartig zerteilte Blütenkrone
lockt *Brachystelma barberiae* die Bestäuber an

65 Die winzigen Blüten
sind bei der Gattung *Dorstenia* in ein
schokoladenbraunes Kissen eingesenkt

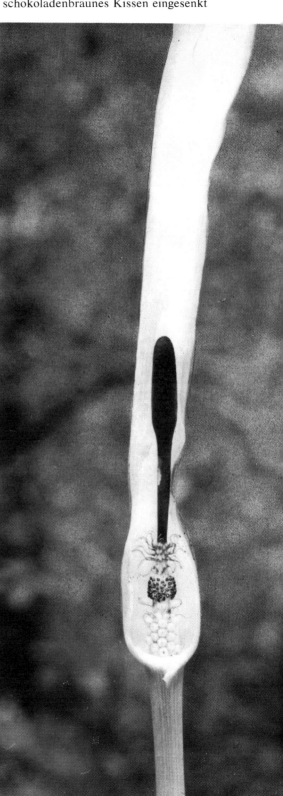

66 In dem aufgeschnittenen Blütenstand des Aronstabes *(Arum maculatum)* erkennt man von oben nach unten borstenförmige Haare, die männlichen Blüten, einen zweiten Haarkranz und die weiblichen Blüten

67 *Amorphophallus eichleri,* ein Aronstabgewächs aus dem tropischen Westafrika

69 Wegen seiner auffallenden schönen Blüten ist der
Rotbraune Frauenschuh *(Cypripedium calceolus)* an vielen Stellen
ausgerottet worden

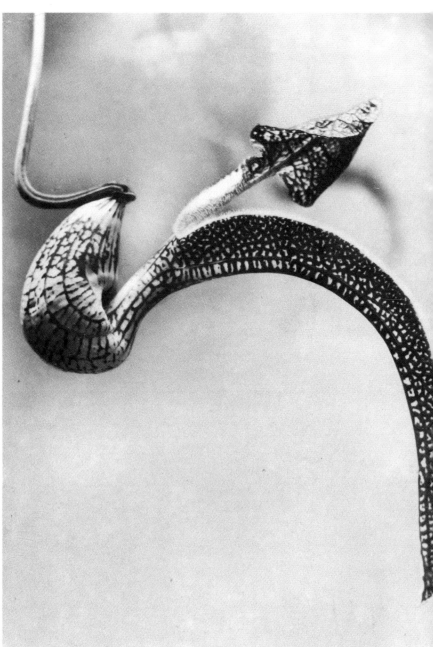

72 Nicht nur durch Formen und Farben, sondern auch durch den Aasgeruch locken die Blüten von *Ceropegia galeata* die Bestäuber an

73 *Ceropegia distincta* var. *haygarthii*

74 Die Orchidee mit dem längsten Sporn im gesamten Pflanzenreich
ist *Angraecum sesquipedale*
75 Tigerartig gefärbte Blüten der tropischen Orchidee
Stanhopea hernandezii

77 Normal blühende Pflanze des Purpurknabenkrautes
(Orchis purpurea)

78 Purpurknabenkraut, bei dem die Blütenstiele nicht gedreht sind

79 Blüten vom Widerbart *(Epipogium aphyllum)*, bei denen die
Lippe nach oben gerichtet ist
80 Bei *Cirrhopetalum medusae*, einer Orchidee von den Sundainseln,
stehen die gelben, am Grunde rot punktierten Blüten in dichten
Köpfen und haben bis 14 cm lange, nach unten hängende Sepalen

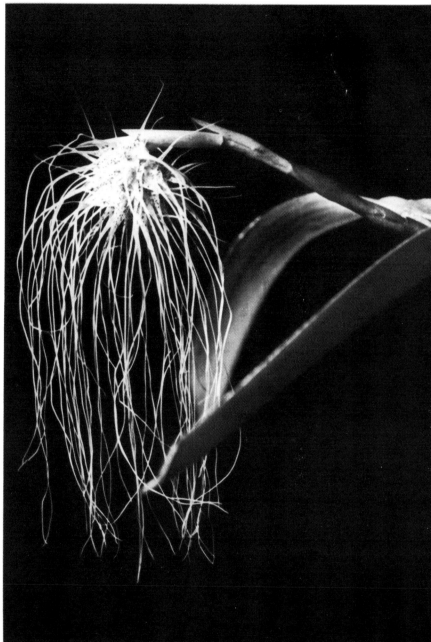

81 *Microcoelia physophora*, ein blattloser Epiphyt mit kleinen Blüten aus dem tropischen Afrika

Masdevallia erythrochaete mit weißlichen und dicht rosenrot
gefleckten bizarren Blüten

84 Bei der in Süd- und Mitteleuropa weit verbreiteten Fliegenragwurz *(Ophrys insectifera)* gleicht die Lippe einer bunten Fliege

85 Die Lippe der Spinnenragwurz *(Ophrys sphegodes)*
ähnelt in Form und Zeichnung einer Spinne

86

86 In ihrer Heimat, im Mittelmeergebiet, wird
die Bienenragwurz *(Ophrys apifera)* durch die Männchen
von Langhornbienen bestäubt

87 Frucht der Kulturfeige

88 Die Palmlilie *(Yucca filamentosa)*
wächst in den Wüstengebieten von Nord- und Mittelamerika

89 Als Nationalblume von Hawaii werden
die Hibiscusblüten im Haar der Frauen getragen

90 Durch auffallende Blüten ist der südamerikanische
Korallenstrauch *(Erythrina crista-galli)* gekennzeichnet

91 Im tropischen Afrika wächst *Hibiscus schizopetalus*
mit den interessanten und eigenartig wirkenden Blüten

92 Der Chinesische Roseneibisch *(Hibiscus rosa-sinensis)* ist wild nicht bekannt, in Kulturen werden viele Sorten angebaut

93 Eine typische Vogelblume bildet
die Paradiesvogelblume *(Strelitzia reginae)*
94 *Marcgravia evenia* wird durch Fledermäuse
bestäubt
95 In Brasilien wächst die Engelstrompete
(Datura suaveolens)

96 Nur in der Nacht öffnet
die «Königin der Nacht» ihre Blüten

97 Vier Monate Blühdauer werden der Malaienblume
(Phalaenopsis amabilis) zugeschrieben
98 *Odontoglossum rossii* blüht achtzig Tage lang

Der Kampf um das Licht

Salzpflanzen   In Sumpf und Moor

Fleischfressende Pflanzen   # Spezialisten
im Pflanzenreich

Lebendgebärende Pflanzen

Pflanzen ohne Wurzeln

Pflanzen ohne Blattgrün

Wenn wir im allgemeinen Sinne von Pflanzen sprechen, so stellen wir uns darunter Bäume oder Kräuter vor, die auf dem Feld oder der Wiese, im Wald, am Wegesrand oder im Garten, allenfalls auch noch im Blumentopf oder im Blumenkasten wachsen. In unserer Vorstellung bestehen sie in der Regel aus einer wohlausgebildeten Wurzel, dem holzigen oder krautigen Stengel, den Blättern und den Blüten. Zum Leben benötigen die Pflanzen die Energie der Sonnenstrahlen, das Wasser und die Mineralstoffe des Bodens sowie das Kohlendioxid der Luft.

In Abhängigkeit von den Umweltverhältnissen haben sich aber nun zahlreiche pflanzliche Spezialisten entwickelt, die sich in ihrer Lebensweise und oft auch in ihrer äußeren Form von dem gewohnten Bild einer Pflanze mehr oder weniger stark unterscheiden. Diese Anpassungen dienen den Spezialisten im Pflanzenreich vor allem dazu, Lebensräume zu besiedeln, in denen andere Pflanzen nur schlecht oder gar nicht existieren können. Einige charakteristische und interessante Vertreter dieser Pflanzengruppe wollen wir in diesem Kapitel betrachten.

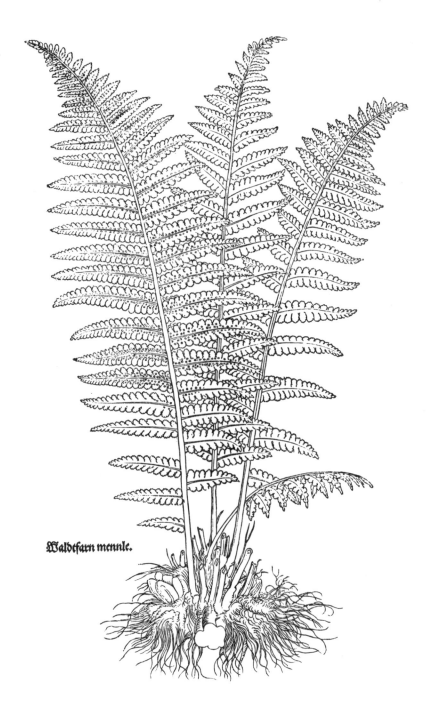

Waldtfarn mennle.

Die Energie der Sonne, das Sonnenlicht, ist eine der wichtigsten Voraussetzungen für das Leben der grünen Pflanzen, dient doch diese Energie dazu, aus dem Kohlendioxid der Luft und dem Wasser des Bodens körpereigene organische Stoffe aufzubauen. So nimmt es auch nicht wunder, wenn die Mehrzahl der Pflanzen dem Sonnenlicht entgegenwächst. In einigen Lebensgemeinschaften, insbesondere in dichten Wäldern, ist das aber für einige Pflanzen mit Schwierigkeiten verbunden, so daß sie auf bestimmte Auswege angewiesen sind.

In vielen Wäldern der gemäßigten Zone entwickelt sich z. B. die Bodenflora bereits im zeitigen Frühjahr, ehe sich das Blätterdach der Laubbäume schließt (Abb. 99). Einige Bodenpflanzen dieser Wälder sind auch wie der Efeu *(Hedera helix)* an geringere Lichtintensität angepaßt.

Andere Verhältnisse finden wir in den tropischen Regenwäldern, in denen das Blätterdach während des gesamten Jahres geschlossen ist, weil es keinen deutlichen Wechsel zwischen den Jahreszeiten gibt. Anpassungsformen an diese Umwelt sind besonders die Lianen und die Epiphyten.

Im tropischen Regenwald sind die Lianen weit verbreitet. Diese Gewächse keimen und wurzeln im Boden und bilden oft meterlange Triebe aus. Mit diesen Trieben halten sie sich an anderen Pflanzen, meist Bäumen, fest und gelangen so in die lichtreicheren oberen Schichten des Waldes. Zum Festhalten an den Wirtspflanzen haben die Lianen verschiedene Organe, Blätter, Stengel oder Wurzeln, umgebildet, so daß wir auch verschiedene Lianentypen unterscheiden können.

Bei den Rankenpflanzen sind Blätter, Nebenblätter, Blattstiele, Stengel oder Wurzeln zu Greiforganen, den Ranken, geworden. Damit wächst die Liane an anderen Pflanzen empor. Zu dieser Gruppe gehören unter anderem die Passionsblumen *(Passiflora)* und der rasch wachsende Kletterstrauch *Cissus discolor* (Abb. 100).

Die sogenannten Wurzelkletterer entwickeln dünne Wurzeln, mit denen sie sich in den Rissen der Borke anheften oder auch den Stamm umschlingen. Die zu den Orchideen gehörende Vanille *(Vanilla planifolia),* übrigens eine der ganz wenigen nicht als Zierpflanze wirtschaftlich genutzten Orchideen, verkörpert diesen Lianentyp (Abb. 101). Auch die bekannten Zimmerpflanzen *Monstera* und *Philodendron* wachsen wild in dieser Art und Weise.

Die Spreizklimmer bedienen sich spreizender Zweige, die in die Zweige anderer Pflanzen hineinwachsen und sich durch Dornen oder Stacheln stützen. Das bekannteste Beispiel aus dieser Gruppe ist die Rotangpalme (Gattung *Calamus*), von der das bei früheren Schülergenerationen so wenig beliebte Spanische Rohr stammte (Abb. 102). Obwohl diese Pflanze zu den Palmen gehört, ist sie eine echte Liane und wird mit Trieblängen bis zu 240 m zu den längsten Pflanzen gerechnet. Spreizklimmer sind auch der Hopfen *(Humulus lupulus)*, der Bittersüße Nachtschatten *(Solanum dulcamara)* sowie viele Kletterrosen, um nur noch einige Vertreter zu nennen.

Die vierte Gruppe der Lianen sind die Windepflanzen, die durch ihre schnell wachsenden windenden Triebspitzen den Gipfel ihrer Wirte recht bald erreichen. Zu ihnen gehören z. B. die Bohnenarten (Gattung *Phaseolus*).

Eine Eigentümlichkeit der meisten Lianen ist die intensive Wasserleitung in den Trieben. Diese ist notwendig, um trotz eines relativ geringen Stengeldurchmessers die oft sehr hoch über dem Erdboden befindlichen Blätter mit genügend Wasser zu versorgen. Wenn man im tropischen Regenwald eine dicke Liane durchschneidet, läuft wie aus einer Wasserleitung aus den Leitungsbahnen das Wasser heraus, das man auch als steriles Trinkwasser benutzen kann.

Während die Lianen mit dem Waldboden ständig in Verbindung bleiben, lösen sich andere krautige Pflanzen vom Boden und wurzeln auf den Ästen oder in den Astgabeln der Bäume. Solche Gewächse werden Epiphyten genannt. Viele von ihnen sind übrigens beliebte Zimmerpflanzen. Das Keimen und Wachsen hoch oben auf den Ästen schafft diesen Pflanzen günstigere Lichtverhältnisse. Schwieriger ist dagegen die Wasserversorgung. Deshalb sind die Epiphyten fast ausschließlich auf das Niederschlagswasser angewiesen. Ihre Wurzeln dienen in erster Linie dem Festhalten der Pflanze an der Unterlage und nur zum geringen Teil der Mineralstoff- und Wasseraufnahme. Die Pflanzen müssen imstande sein, längere Trockenperioden zu überstehen. Deshalb sind die Anpassungsarten an die erschwerten Wasserverhältnisse außerordentlich mannigfaltig. Von den Pflanzen wurden die unterschiedlichsten Einrichtungen zur sparsamen Wasserabgabe und zur Wasserspeicherung ausgebildet.

Interessant ist bei den Bromelien die zisternenförmige Anordnung der lederartigen Blätter, die das Niederschlagswasser sammeln (Abb. 103–105). Auf den Blättern befinden sich viele kleine Saugschuppen, durch die das Wasser von den Pflanzen aufgenommen wird. Die meisten Bromelien sind ausgesprochene

Epiphyten. Sie siedeln auf Ästen und wachsen nicht nur im tropischen Regenwald, sondern auch in regengrünen Wäldern, in Savannen und in Wüstengebieten.

Manche Orchideen besitzen Blattknollen als Wasserspeicher. Gleichzeitig sind die fleischigen Luftwurzeln einiger Orchideen in der Lage, mit Hilfe eines filzigen Überzuges Niederschlagswasser aufzusaugen und somit der Pflanze zur Verfügung zu stellen (Abb. 106). Eine weitere Eigenart der epiphytischen Lebensweise besteht darin, daß die Wurzeln dem Licht ausgesetzt sind und deshalb oft Chlorophyll, also Blattgrün enthalten. Dadurch wird bei manchen Arten die Ausbildung von Blättern überflüssig, und die Blüten entspringen direkt den Wurzeln.

Die epiphytischen Standorte sind in der Regel auch sehr nährstoffarm. Durch die geringen Humusansammlungen in den Astgabeln erhalten die Pflanzen oft nur einen Teil der notwendigen mineralischen Nährstoffe.

Einige Epiphyten sind aus diesem Grunde in der Lage, selbst Humus zu erzeugen, wie das bei manchen tropischen epiphytischen Farnen durch die Bildung von braunen und absterbenden Nischenblättern der Fall ist. Solche Nischenblätter entwickelt z. B. der Geweihfarn *(Platycerium)* (Abb. 107). Die fruchtbaren Wedel sind die eigentlichen grünen Laubblätter. Sie sind bizarr geformt, fächerartig und gabelig gespalten und sehen mehr oder weniger geweihähnlich aus. Während die jungen Blätter schräg aufwärts stehen, hängen die älteren meistens herab. Sie erreichen oft eine Länge von mehreren Metern. Eine andere Gestalt haben die rundlichen und dachziegelartig übereinandergelagerten Nischenblätter, die bald trocken und braun werden (Abb. 108). Diese Blätter zersetzen sich bei der Humusbildung, dienen gleichzeitig als Wasserspeicher und schützen die Wurzeln vor dem Austrocknen.

In den Humusanhäufungen und selbst in bestimmten knolligen Organen der Epiphyten bauen sich oft Ameisen ihre Nester, wie das bei den Ameisenpflanzen *(Myrmecodia*-Arten) der Fall ist (Abb. 109, 110). Ob hierbei allerdings eine echte Symbiose vorliegt, ist noch nicht endgültig geklärt.

Verbreitet werden die Epiphyten meistens durch staubfeine Samen wie bei den Orchideen, durch kleine Sporen bei den Farnen oder durch Vögel, die Beerenfrüchte verzehren.

Eine gewisse Zwischenstellung zwischen Lianen und Epiphyten nehmen die sogenannten Hemiepiphyten ein. Diese Pflanzen keimen im Urwaldboden und wachsen als Lianen in die Höhe.

Wenn mit der Zeit der untere Stammteil abstirbt, leben sie als Epiphyten weiter. Andere keimen als Epiphyten in den Astgabeln, bilden dann aber lange Wurzeln, die bis zur Erde wachsen. Im Boden erstarken die Wurzeln, und die Pflanze erhält einen üppigen Wuchs.

Einige Formen legen an den Stämmen der Wirtsbäume ebenfalls Wurzeln an, die kräftiger werden und langsam den Tragbaum erwürgen (Abb. 111). Bei den Würgefeigen, bestimmten *Ficus*-Arten, entstehen an den Ästen ständig neue Luftwurzeln, die sich zu starken Stützpfeilern entwickeln (Abb. 112). Solche Bäume erreichen oft riesige Dimensionen mit einem Kronenumfang von mehreren hundert Metern. Das größte bekannte Exemplar einer Würgefeige bedeckt auf einer Insel im Narbada-Strom in Indien eine Fläche von 2 Hektar, der Kronenumfang beträgt 530 m, der Durchmesser 170 m.

Wenn auch die Würgefeigen den Wirtsbaum langsam zum Absterben bringen, so kann man bei ihnen wie auch bei den Lianen und Epiphyten nicht von Parasitismus im eigentlichen Sinne sprechen. Alle diese Pflanzen entnehmen ihren Wirten keinerlei Nährstoffe, wie wir es bei anderen Pflanzen noch sehen werden. Allenfalls handelt es sich bei Lianen und Epiphyten um Raumparasiten, die ihren Wirtspflanzen den Platz am Licht streitig machen.

Alant.

Bei den Lianen und Epiphyten hatten wir gesehen, wie sich die Pflanzen durch die verschiedensten Sonderformen mit Wasser versorgen. Auch bei im Überfluß vorhandenem Wasser bilden sich eigenartige Lebensformen unter den Pflanzen heraus, von denen wir jetzt einige betrachten wollen.

Die vielleicht bekannteste, aber auch stark gefährdete Landschaftsform mit einer reichlichen Wasserführung sind die Moore, die sich besonders in dem Waldgürtel auf der nördlichen Erdhalbkugel entwickelt haben. Ausschlaggebend waren dafür vor allem die relativ hohen Niederschläge und die verhältnismäßig geringe Verdunstung in diesen Gebieten. So gibt es riesige Moorareale in Nordeuropa, in Westsibirien, in Alaska und in Labrador (Abb. 113). Diese Moore sind Landschaften von einem ganz besonderen Reiz, die sich in der Regel auch durch eigenartige Pflanzen auszeichnen. Insbesondere die Hochmoore haben immer wieder die Aufmerksamkeit zahlreicher Wissenschaftler, aber auch vieler Naturfreunde auf sich gezogen. Allen gemeinsam ist ein hoher Grundwasserspiegel und das Vorkommen von Torfmoosen (*Sphagnum*-Arten), die auch bei der Bildung der Hochmoore eine wesentliche Rolle spielen (Abb. 114).

Torfmoose besitzen aus dickwandigen Zellen aufgebaute Stengel, die sich an der Spitze verästeln und büschelartig angeordnete beblätterte Zweige tragen. Neben schmalen grünen Zellen zur Assimilation haben sie auch farblose Zellen, die der Wasserspeicherung dienen. Ihr Bau erlaubt es, ein Vielfaches ihres Gewichtes an Wasser wie ein Schwamm aufzusaugen und festzuhalten. Dadurch sind die Moore im Haushalt der Natur zu wichtigen Wasserreservoiren geworden. 1 Qudratmeter Torfmoosdecke speichert z. B. zehn bis vierzehn Tage lang 6 bis 7 Liter Wasser. Unten sterben die Torfmoose mit der Zeit ab und vertorfen, während sie am oberen Ende weiter in die Höhe wachsen. Die Polster werden dabei immer größer, verschmelzen miteinander und bilden die typische uhrglasförmige Oberfläche der Hochmoore. Das Höhenwachstum der *Sphagnum*-Arten beträgt jährlich etwa 3 bis 10 cm. Alle anderen Pflanzen, die auf dem Hochmoor wachsen, müssen sich diesem Höhenwachstum anschließen, um nicht vom Moos überwuchert zu werden. An den einzelnen Jahrestrieben kann man das jährliche Wachstum sehr gut erkennen.

Hochmoore entstehen durch das Verlanden von Seen oder durch Versumpfen von wasserstauenden und abflußarmen Mulden, wie es beispielsweise bei den Hochmooren auf den Kammlagen der europäischen Mittelgebirge (Erzgebirge, Thüringer Wald, Harz) der Fall ist. In den Alpen erreichen die Hochmoore die 2000-m-Grenze. Typische Hochmoore befinden sich in der gesamten borealen Zone, insbesondere im Nordwesten der BRD, in den skandinavischen Ländern, in Nordosteuropa und Westsibirien. Charakteristisch für alle Hochmoore sind die höher liegenden Bulten und die muldenartigen, mit Wasser gefüllten Schlenken. Die hohe Feuchtigkeit sowie der nährstoffarme und saure Boden haben dazu beigetragen, daß in den Mooren neben den Torfmoosen eine sehr interessante Flora entstanden ist. Charakterpflanzen sind unter anderem der zu den Heidekrautgewächsen gehörende Sumpfporst (Ledum palustre) (Abb. 115), die an anderer Stelle noch ausführlicher zu besprechenden Sonnentau-Arten (Gattung Drosera) sowie das Scheidige Wollgras (Eriophorum vaginatum) aus der Familie der Riedgrasgewächse (Abb. 116).

Auffallend ist in den Hochmooren das verhältnismäßig häufige Vorkommen von Zwergsträuchern aus den Familien der Heidekrautgewächse (Ericaceae) und der Krähenbeerengewächse (Empetraceae). Wir finden hier unter anderem das Heidekraut (Calluna vulgaris), die Rauschbeere (Vaccinium uliginosum), die Moosbeere (Vaccinium oxycoccos) und die Gemeine Krähenbeere (Empetrum nigrum).

Im Gegensatz zu den Zwergsträuchern sind Bäume in den Hochmooren nur selten und meist mit einem spärlichen Wuchs vertreten. Moorbirken (Betula pubescens) sowie sehr niedrig wachsende Waldkiefern (Pinus sylvestris) und seltener Bergkiefern (Pinus mugo) treten an manchen Stellen auf.

Moore sind aber nicht nur botanische Kostbarkeiten und reizvolle Landschaftsteile — in früheren Jahren waren sie allerdings gefürchtet und galten als unheimlich —, sie haben auch wirtschaftliche Bedeutung. Noch heute wird in vielen Mooren Torf gestochen. Wenn dieser Rohstoff auch seine Rolle als Heizmaterial immer mehr verliert, so wird er doch in einigen Wirtschaftszweigen, z. B. in Gärtnereien, verwendet und ist noch nicht durch andere Stoffe ersetzt worden.

Aber nicht nur die Torfmoore sind typische Vegetationsgebiete mit einer charakteristischen Flora, die an einen Wasserüberschuß angepaßt sind. Auf torffreien Schlammböden der Flußniederungen und Sümpfe im südlichen Nordamerika, die teilweise oder ganzjährig unter Wasser stehen, wachsen die Sumpfzypressen (Taxodium distichum) (Abb. 117). Interessant an diesen Charakterpflanzen der sommergrünen Sumpfwälder ist, daß die Samen der Bäume nicht im Wasser keimen können, obwohl die Pflanzen sonst sehr viel Wasser zum Gedeihen benötigen. Man findet die Wälder nur dort, wo alle zehn bis zwanzig Jahre die Bodenoberfläche regelmäßig abtrocknet und die Sämlinge bis zu 30 cm Höhe auf dem trockenen, aber gut durchfeuchteten Boden erreichen. Dann können sie wieder im Schlamm stehen.

Ein besonderes Merkmal der Sumpfzypressen sind die Atemwurzeln, die aus dem Wasser herausragen. Sie geben der Umgebung ein eigentümliches Gepräge. Aus den waagerecht verlaufenden Wurzeln wachsen in gewissen Abständen Auswüchse, die sogenannten Wurzelknie, hervor, die über der Wasseroberfläche zu sehen sind. Diese Auswüchse sind oben abgerundet und dienen der Sauerstoffversorgung der Wurzeln sowie der Verankerung der Wurzeln an ihren sumpfigen Standort. Dadurch schützen sie die stattlichen Bäume außerdem vor Windwurf. Die 40 bis 50 m hohen Bäume können ein hohes Alter erreichen. So sind Exemplare von 1000 bis 2500 Jahren gefunden worden.

Die vielleicht seltsamste Anpassung an einen sumpfigen, oft vom Wasser überfluteten Standort haben wahrscheinlich die sogenannten Mangroven entwickelt.

Nähert man sich vom Meer einem tropischen Land mit Regenwaldklima, so wird man an flachen und schlammigen Küsten und an den Mündungen größerer Flüsse und Ströme einen sogenannten Gezeitenwald antreffen. Bei Hochwasser ragen nur die Baumkronen aus dem Wasser, während man bei Niedrigwasser die eigenartigen Luft- und Stelzwurzeln bewundern kann. Die Mangroven vertragen als Pflanzen der Meeresküsten auch hohe Salzkonzentrationen, denn sie speichern eine gewisse Menge Kochsalz in ihren Zellen. Neben den Bäumen wachsen senkrecht viele Atemwurzeln aus dem Boden bzw. dem Wasser heraus, die den Sauerstoff der Luft aufnehmen und ihn zu den im Schlickwasser befindlichen Wurzelteilen weiterleiten. Auch die langen Stelzwurzeln einiger Arten nehmen durch Rindenporen Sauerstoff auf. Diese Stelzwurzeln bilden oft sehr eigenartige Formen. Manche Mangrovebäume entwickeln auch knieförmige Wurzeln wie die Sumpfzypressen. Die Wurzelspitzen wachsen aber bei ihnen aus dem Boden heraus, krümmen sich wieder nach unten, wachsen erneut in den Schlamm und kommen nach einiger Zeit wieder nach oben. Dieser Vorgang wiederholt sich mehrere Male. Der bekannte Naturwissenschaftler und Verfechter der Darwinschen Abstammungslehre Ernst Haeckel (1834–1919) gibt in seinen «Indischen Reisebriefen» eine sehr anschauliche Beschreibung der Mangrovevegetation:

«Der Strand der Insel (im Flußdelta) sowie auch der Ufersaum der an Whist-Bungalow anstoßenden Gärten ist gleich den Ufern der Flußmündung selbst dicht bewachsen mit den merkwürdigsten Mangrovebäumen, und ich hatte sogleich beim ersten Besuche der nächsten Nachbarschaft die Freude, diese charakteristische und wichtige Vegetationsform der Tropen in ihrer merkwürdigen landbildenden Tätigkeit vor Augen zu sehen.

Die Bäume, welche unter dem Namen Mangroven oder Manglebäume zusammengefaßt werden, gehören sehr verschiedenen Gattungen und Familien an. Sie stimmen aber alle in der eigentümlichen Form ihres Wachstums und der dadurch bedingten typischen Physiognomie wesentlich überein. Die dicht buschige, meist rundliche Laubkrone ruht auf einem dicken Stamme: dieser aber auf einer umgekehrten Krone von nacktem, vielverzweigtem Wurzelwerk, welches sich unmittelbar aus dem Wasserspiegel erhebt und mehrere Fuß über denselben hervorragt. Zwischen den Gabelästen dieser dichten kuppelförmigen Wurzelkrone sammelt sich der Schlamm und Sand an, welchen der Fluß an seinen Ufern und besonders seiner Mündung absetzt, und so kann der Mangrovewald das Wachstum des Landes wesentlich begünstigen.»

Haeckel hat in seiner Beschreibung bereits darauf hingewiesen, daß die Mangrovebäume zwar in der Lebensweise und der Lebensform einander weitgehend ähnlich sind, daß sie aber in verschiedenen verwandtschaftlichen Gruppen stehen. Zwar gehören die meisten von ihnen zu den Myrtales, die Gattungen *Rhizophora*, *Bruguiera* und *Veriops* zu den Rhizophoraceae, die Gattung *Sonneratia* zu den Sonneratiaceae und die Gattung *Laguncularia* zu den Combretaceae, aber mit der Gattung *Xylocarpus* aus der Ordnung der Rutales und der Gattung *Avicennia* aus der Ordnung der Lamiales kommen noch weitere Formen vor, die weder untereinander noch mit den Myrtales näher verwandt sind. Mit dieser kleinen Aufzählung haben wir auch die Mehrzahl der Mangrovearten erfaßt, von denen es nur einige wenige gibt.

Die Mangrove ist eine typische Vegetationsform in den Gezeitenzonen der Tropen, die vor allem in geschützten Buchten, Lagunen und Flußmündungen üppig gedeiht (Abb. 118). Als Untergrund dient tonig-sandiger Schlickboden, der bei Ebbe trocken ist und bei Flut überschwemmt wird. Auffallend an der Mangrovevegetation ist noch, daß kein Unterwuchs und keine

Lianen wie bei anderen feuchten tropischen Vegetationsformen vorkommen und daß auf den Bäumen auch nur selten Epiphyten zu sehen sind.

Auf eine weitere Besonderheit der Mangrovepflanzen, die Viviparie, werden wir an einer anderen Stelle noch eingehen.

Salzpflanzen

Mit den Mangroven haben wir Pflanzen kennengelernt, die nicht nur an das Leben in der Gezeitenzone mit dem Wechsel von Ebbe und Flut angepaßt sind, sondern die auch einen hohen Salzgehalt im Wasser vertragen können.

Alle Pflanzen benötigen zum Gedeihen eine bestimmte Menge Salz, die sie mit dem Wasser aus dem Boden aufnehmen. Ein Zuviel wirkt aber auch hier tödlich auf die Pflanzen. Diese Tatsache macht man sich z. B. zunutze, wenn man von Wegen, Plätzen oder von Eisenbahnanlagen jeglichen Pflanzenwuchs entfernen will.

An den Küsten und an Salzstellen im Binnenland gibt es aber außer den Mangrovebäumen noch etliche Pflanzen, denen stärkere Salzkonzentrationen nichts ausmachen, die sogar darauf angewiesen sind, in einer salzreichen Umgebung zu leben.

Als echte Pionierpflanze gedeiht an Meeresküsten, die täglich vom schlickbeladenen Flutstrom überspült werden, der Gemeine Queller *(Salicornia europaea)* aus der Familie der Gänsefußgewächse (Chenopodiaceae) (Abb. 119). Die Gestalt der bis 30 cm hohen Pflanze ist recht merkwürdig. Dickfleischige Sprosse verzweigen sich kandelaberförmig in der Luft. Wenn man auf die Stengel tritt, brechen sie mit einem Geräusch, das an Glas erinnert. Die zuerst dunkelgrünen glasig-fleischigen Triebe färben sich im Herbst purpurrot. Sie scheinen auch blattlos zu sein, da die Laubblätter zu Schuppen reduziert sind. So erweist sich die Pflanze als echte Stammsukkulente, die als Anpassungseinrichtung im Zellsaft Salze speichern kann. Als eine der typischsten Salzpflanzen verlangt sie einen Salzgehalt von mindestens 2,5 bis 3 Prozent, verträgt noch Konzentrationen von 8 bis 12 Prozent im Wasser.

Der Queller, der vom August bis zum November blüht, besiedelt als einzige Pflanze Stellen mit stärkstem Salzgehalt, wo keine andere Pflanze gedeiht; er fördert die Aufschlickung und wirkt als natürlicher Schlickfänger. Empfindlich ist die Pflanze gegen länger anhaltendes Wasser. Steht sie ständig im Wasser, stirbt sie ab. Sie gedeiht dort am besten, wo das Land in Abständen überflutet wird.

Der Queller ist nahezu kosmopolitisch verbreitet. Mit Ausnahme von Australien kommt er an allen Küsten der Erde vor, besiedelt aber auch Salzstellen im Binnenland. Größere Bestände sind u. a. in Niedersachsen bei Münzenberg, in Hessen, bei Mesekenhagen in der Nähe von Greifswald sowie an den Solequellen von Osterweddingen und Sülldorf bei Magdeburg noch vorhanden.

Ebenfalls zu den Gänsefußgewächsen gehören auch zwei weitere wichtige Salzpflanzen, die Strandsode und das Kalisalzkraut. Die Strandsode *(Suaeda maritima)* wird 10 bis 35 cm hoch und hat einen saftigen, ästigen Stengel, der kleine länglich-linealische Laubblätter trägt. In den Achseln der Laubblätter stehen die unscheinbaren Blüten, die sich vom Juli bis zum September öffnen. Die gesamte Pflanze ist kahl, blaugrün und oft rötlich überlaufen. Die Verbreitung der Strandsode erstreckt sich über ähnliche Gebiete wie die des Quellers, schließt aber auch Australien ein. Im Binnenland ist die Strandsode ebenfalls an manchen Stellen zu finden.

Das Kalisalzkraut *(Salsola kali)* ist von graugrüner Farbe, bisweilen aber auch rötlich überlaufen. Der bis 60 cm hohe verzweigte Stengel trägt die sitzenden, linealisch-pfriemlichen kleinen Laubblätter, in deren Achseln sich die zwittrigen Blüten befinden. Das Kalisalzkraut, das den Meeresstrand, die Dünen, salzige Strandwiesen und Salzstellen des Binnenlandes besiedelt, kommt in Süd- und Mitteleuropa, in Nordafrika, in Vorder- und Mittelasien, im Kaukasusgebiet sowie in Sibirien vor. In Nordamerika und Neuseeland wurde es durch den Menschen eingeschleppt und erwies sich dort bald als lästiges Unkraut.

Zur Familie der Korbblütengewächse (Asteraceae) gehört der Strandbeifuß *(Artemisia maritima)*, ein bis 60 cm hoher Halbstrauch mit mehr oder weniger dicht weißfilzigen Sprossen, der vom August bis zum Oktober blüht. Sein Hauptverbreitungsgebiet liegt nicht an den Meeresküsten, sondern im Binnenland und erstreckt sich von Südsibirien bis zum Schwarzen Meer. Er kommt aber auch an den Küsten des Mittelmeeres, am Atlantik von Südportugal bis Schottland, an der Nordsee und an der westlichen Ostsee bis Rügen vor. Auch in den mitteleuropäischen binnenländischen Salzgebieten ist er zu finden.

Eine wichtige Salzpflanze aus der Familie der Strandnelken- oder Bleiwurzgewächse (Plumbaginaceae) ist die Strandnelke oder der Strandflieder *(Limonium vulgare)*. Die bis 15 cm langen, verkehrt-eiförmigen, etwas fleischigen Blätter bilden eine grundständige Rosette, aus der sich der bis 50 cm hohe Stengel mit den blau-violetten Blüten erhebt. Die Blütezeit reicht vom Juli bis zum September. Die Strandnelke besiedelt Salzwiesen und bei Flut mehr oder weniger vom Salzwasser bespülte Schlickflächen an flachen Meeresküsten und kommt meist gesellig vor. Ihr Areal erstreckt sich über die atlantischen Küsten Nordamerikas und Europas, die Nordsee, die westliche Ostsee und das Mittelmeer. In den Salzsteppen Südosteuropas, der südlichen Sowjetunion,

Vorderasiens und an den südamerikanischen Küsten kommen verwandte Arten vor.

Im Unterschied zum Queller speichert die Strandnelke das Salz nicht im Zellsaft, sondern auf den Blättern und den Stengeln befinden sich spezialisierte Zellen, die neben Wasser und Schleim auch die überschüssigen Salze ausscheiden.

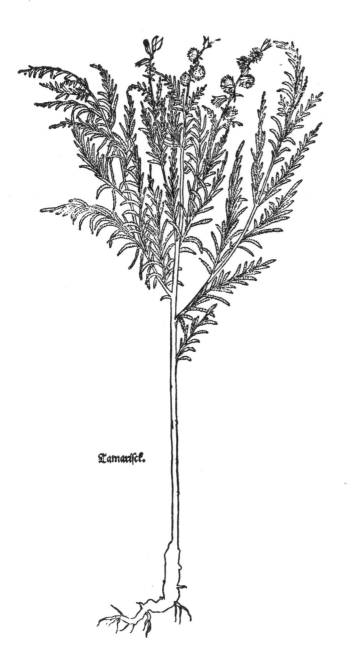

Tamariske.

Durch die Betrachtung des natürlichen Kreislaufes der Stoffe wissen wir, daß sich zahlreiche Tiere von Pflanzen ernähren. Mehr noch, da die Pflanzen als einzige Organismen organische Substanzen aus anorganischen aufbauen, sind letzten Endes alle lebenden Organismen auf die primäre oder sekundäre Ernährung durch Pflanzen angewiesen. Deshalb ist es nicht verwunderlich, daß der umgekehrte Fall, bei dem Tiere von Pflanzen gefressen werden, das besondere Augenmerk von Wissenschaftlern und Laien immer wieder auf sich zieht.

Die Pflanzen begnügen sich im allgemeinen damit, außer dem Kohlenstoff, den sie mit ihren Blättern aus dem Kohlendioxid der Luft gewinnen, durch ihre Wurzeln Wasser mit den darin gelösten Salzen aus dem Boden aufzunehmen. Diese Salze enthalten alle anorganischen Stoffe, wie Stickstoff, Schwefel, Phosphor, Kalium, Kalzium, Magnesium und viele andere, die die Pflanze zum Aufbau ihres Körpers und zur Erhaltung der Lebensfunktionen benötigt. Eine Ausnahme bilden die fleischfressenden oder insektenfressenden Pflanzen, auch Insektivoren genannt. Man versteht darunter Pflanzen, die eine Einrichtung zum Fangen von lebendigen kleinen Tieren, meist Insekten, haben und außerdem imstande sind, die Beute durch eigene Enzymausscheidungen oder mit Hilfe von Bakterien zu zersetzen und über spezielle Verdauungsdrüsen die Spaltprodukte des tierischen Eiweißes aufzunehmen. Bei diesem Prozeß bleiben die festen Chitinhüllen der Insekten erhalten und leer auf den Fangorganen oder in den Schläuchen und Kannen der Pflanzen liegen.

Die biologische Bedeutung dieser Ernährungsweise liegt vor allen Dingen im Erwerb von Stickstoff, der gewöhnlich von den Pflanzen aus dem Boden aufgenommen wird. Die meisten insektenfressenden Pflanzen wachsen aber auf sehr stickstoffarmen Standorten, z. B. in Hochmooren, und sind deshalb auf eine zusätzliche Stickstoffquelle angewiesen. Diese Stickstoffquelle ist das Eiweiß der gefangenen Tiere.

Etwa 450 Arten fleischfressender Pflanzen kommen auf der Erde vor. Sie gehören zwei großen verwandtschaftlichen Gruppen an, unabhängig davon, wie ihre Fangmechanismen entwickelt sind. Zu den nahe miteinander verwandten Ordnungen der Saxifragales und der Sarraceniales werden die Gattungen *Nepenthes*, *Dionaea*, *Sarracenia* und *Drosera* gerechnet, während die Gattungen *Utricularia* und *Pinguicula* Angehörige der Familie der Lentibulariaceae aus der Ordnung der Scrophulariales sind. Auf alle diese Arten werden wir noch näher eingehen.

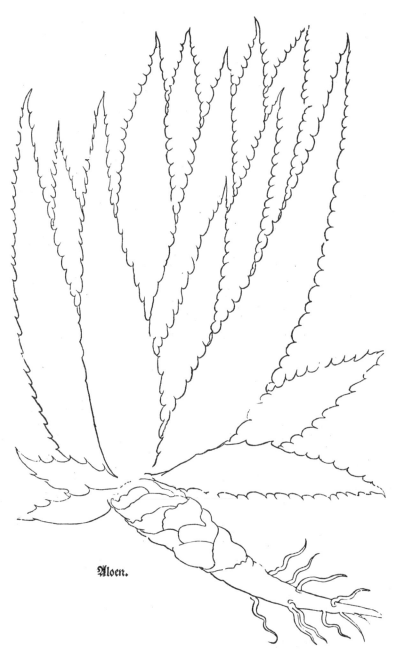

Aloen.

Die wichtigste Besonderheit aller insektenfressenden Pflanzen sind die verschiedenen Fangeinrichtungen, die sich durch Umbildung einzelner Organe entwickelt haben. Sie reichen von einfachen Klebfallen über die Gleitfallen, die nach dem Fallgrubenprinzip wirken, bis zu sehr komplizierten Klappfallen, die auf bestimmte Reize mit raschen Bewegungen reagieren.

Die wahrscheinlich erste Beschreibung einer insektenfressenden Pflanze erfolgte im Jahre 1769 durch den Engländer John Ellis, der einen Brief mit der Beschreibung einer Venusfliegenfalle *(Dionaea muscipula)* an den schwedischen Botaniker Carl von Linné, den Begründer des ersten Pflanzensystems und der binären Nomenklatur in der Biologie, schickte. Allerdings schenkte damals den Darstellungen von Ellis kaum jemand Glauben, weil man fleischfressende Pflanzen für ungewöhnlich und deshalb unwahrscheinlich hielt. Bald begannen sich aber andere Botaniker für diese seltsamen Pflanzen zu interessieren.

Darwin führte fünf Jahre lang Versuche mit dem Sonnentau *(Drosera)* und dem Fettkraut *(Pingiucula)* durch. Im Jahre 1875 veröffentlichte er sein berühmtes Buch «Insectivorous plants» (Insektenfressende Pflanzen), das auch heute noch als ein Standardwerk auf diesem Gebiet gilt.

Die einfachste Methode zum Fangen der Insekten sind die sogenannten Klebfallen, wie wir sie bei den Sonnentauarten (Gattung *Drosera*) finden (Abb. 120). Vom Sonnentau sind rund neunzig Arten bekannt, die in weiten Teilen der Erde vorkommen. Die Hauptverbreitungsgebiete sind Südamerika, insbesondere Brasilien, Südafrika und Australien einschließlich Neuseeland. In Mitteleuropa kommen drei Arten vor, die als Rosettenpflanzen vorwiegend in Mooren wachsen. Es sind der Rundblättrige Sonnentau *(Drosera rotundifolia)*, der Langblättrige Sonnentau *(Drosera anglica)* und der Mittlere Sonnentau *(Drosera intermedia)*. Obwohl sie nur maximal 20 cm Höhe erreichen und deshalb oft übersehen werden, stehen alle Arten in den meisten Ländern unter Naturschutz, weil die interessanten Pflanzen von besonders eifrigen «Naturfreunden» gern gesammelt und dadurch in ihren Beständen geschädigt werden.

Zu Fangorganen sind beim Sonnentau die Blätter umgebildet worden. Auf ihrer Spreite befinden sich gestielte Drüsenhaare, die Tentakeln, die gleichzeitig zum Fangen, Festhalten und Verdauen der Insekten dienen. Die Tentakeln sind über die gesamte Blattfläche verteilt, wobei die Länge der Stiele zur Mitte hin abnimmt. An den köpfchenförmigen Enden der Tentakeln erzeugt die Pflanze einen wasserhell glänzenden, nach Honig duftenden Schleimtropfen, durch den die Insekten, meist kleine Fliegen, angelockt werden. Die Tiere kleben an diesem Tropfen fest, und durch den Berührungsreiz angeregt krümmen sich sofort alle Tentakeln über das Tier, so daß es völlig mit Schleim bedeckt wird und schließlich erstickt. Die Erregungsleitung in den Blättern verläuft mit einer Geschwindigkeit von etwa 8 mm in der Sekunde. Nach dem Ersticken des Tieres sondert die Pflanze eiweißspaltende Enzyme ab, die das Insekteneiweiß auflösen und der Pflanze zugänglich machen. Kurze Zeit später richten sich die Tentakeln zu neuem Fang bereit wieder auf, und auf der Blattfläche liegt nur noch die leere Chitinhülle des Insekts, die bald auch vom Wind hinweggeweht wird.

Obwohl beide Gattungen nicht näher miteinander verwandt sind, entwickelt auch das Fettkraut (Gattung *Pinguicula*) Klebfallen. Vom Fettkraut gibt es etwa vierzig Arten, die vorwiegend in Nord- und Mittelamerika, aber auch in Europa und Nordasien vorkommen. In Mitteleuropa wachsen das Echte Fettkraut *(Pinguicula vulgaris)* (Abb. 121) mit violetten Blüten und das Alpenfettkraut *(Pinguicula alpina)* mit weißen Blüten. Botanisch interessant ist noch, daß das Fettkraut zwar zu den zweikeimblättrigen Pflanzen gehört, bei der Samenkeimung aber nur ein Keimblatt ausbildet.

Die Insekten fängt das Fettkraut ebenfalls mit den rosettig angeordneten Blättern, auf denen sich zwei Arten von Drüsen befinden, gestielte sechzehnzellige und ungestielte achtzellige. Auf 1 Quadratzentimeter Blattfläche wurden ungefähr 10 000 derartiger Drüsen gezählt. Fliegt ein Insekt auf das Blatt, so bleibt es an dem Schleim der gestielten Drüsen kleben, die sofort mehr Schleim absondern und das Tier damit einhüllen. Außerdem rollt sich der Blattrand ein, so daß das Insekt sich in einer schleimgefüllten Röhre befindet. Von den ungestielten Drüsen wird nun ein eiweißspaltendes Enzym abgesondert und das Insekt verdaut. Nach ein bis drei Tagen rollt sich das Blatt wieder auf. Diese Reaktion kann ein Blatt nur zweimal oder dreimal ausführen, dann stirbt es ab.

Während wir es beim Sonnentau und beim Fettkraut mit Klebfallen zu tun hatten, besitzen die nun folgenden Pflanzen Gleitoder Kesselfallen aus umgewandelten Blättern oder Blatteilen. In feuchten und sumpfigen Gebieten des östlichen Nordamerikas wächst die Schlauchpflanze *(Sarracenia purpurea)* (Abb. 124). Ihre großen Blätter erreichen bis 75 cm Höhe und sind zu Fanggruben umgestaltet, die teilweise eine bizarre Trompeten- oder Becherform besitzen. An der Spitze sind die Blattschläuche schirmartig ausgebreitet oder mit einem Deckel versehen. Durch die ansehnliche Größe, die lebhaft purpurne Färbung des oberen Blattabschnitts und durch Nektardrüsen werden Insekten angelockt, die in das Innere der Schlauchblätter gleiten. In diesen Schläuchen sind verschiedene Zonen zu unterscheiden. Am oberen Ende befinden sich die Honigdrüsen und lange, abwärts gerichtete, starre Haare. Anschließend folgt eine Gleitzone, die in eine mit kammartig angeordneten und abwärts gerichteten Reusenhaaren versehene Zone übergeht. Dann folgt die Zone mit den Verdauungsdrüsen. Unten im Schlauch sammeln sich Wasser, gelöste Enzyme und Säuren, die die hereingefallenen Tiere zum Ertrinken bringen und zersetzen. Neben dieser Art kommen in Nordamerika noch acht weitere Arten vor, die sich vor allem in der Größe und der Form der Blattschläuche unterscheiden. Da mehrere von ihnen das gleiche Verbreitungsgebiet haben, entstanden in der Natur zahlreiche Bastarde.

Vollendet in der Spezialisierung scheinen die Kannenpflanzen (Gattung *Nepenthes*) zu sein, von denen ungefähr siebzig Arten in den tropischen Regenwäldern Asiens, Madagaskars, Indonesiens und Australiens wachsen (Abb. 122). Sie leben vorwiegend als Epiphyten auf Bäumen oder im faulenden Laub auf der Erdoberfläche. Einem kriechenden Rhizom entspringt ein kletternder Stamm, der große Blätter und Ranken trägt. An vielen Blättern hängt eine Kanne, die einen offenstehenden, unbeweglichen Deckel besitzt. Botanisch gesehen sind die Kannen krugförmig umgewandelte Blattspreiten, während das Blatt selbst aus dem eigentlichen Blattgrund besteht. Zwischen beiden befindet sich der zur Ranke gewordene Blattstiel.

Gewöhnlich ist die Kanne zur Hälfte mit Wasser gefüllt, das trotz der toten Insekten am Boden meist klarer und zum Trinken geeigneter ist als das Wasser im Torfmoor ringsum. Menschen, die beim Durchwandern eines solchen Moores an starkem Durst litten, haben das Wasser aus diesen Kannenpflanzen getrunken und keinen Schaden genommen, weshalb man die Pflanzen in manchen Gegenden auch als «Jägertasse» bezeichnet.

Angelockt vom Honigtau kriechen Insekten in das Innere der Kannen, das wie bei den Schlauchpflanzen in verschiedene Zonen untergliedert ist. An der glatten Innenwand der Kannen kann das Insekt keinen Halt finden, es fällt ins Wasser und ertrinkt. Innerhalb von fünf bis acht Stunden wird es bis auf die Chitinhülle verdaut. Auf einem Quadratzentimeter Innenfläche wurden in den Kannen bis zu 6000 Verdauungsdrüsen gezählt.

Die Kannen sind sehr verschiedenartig gestaltet, ihre Farbe schwankt zwischen Grün und einem tiefen Braunrot. Die Größe beträgt 3 bis 50 cm. In den Schauhäusern botanischer Gärten werden vorwiegend gärtnerische Züchtungen ausgestellt, wie die *Nepenthes x mixta,* die relativ leicht zu pflegen ist und schön gezeichnete Kannen bis zu 30 cm Länge ausbildet (Abb. 123).

Noch weiter fortgeschritten als die Kannenpflanzen sind in ihren Fangmethoden der Wasserschlauch und die Venusfliegenfalle, die sogenannte Klappfallen besitzen.

Vom Wasserschlauch (Gattung *Utricularia*) gibt es 275 Arten, die auf der gesamten Erde, vorwiegend allerdings in den Tropen, verbreitet sind. In Mitteleuropa leben sechs Arten. Die bekannteste ist der Gemeine Wasserschlauch *(Utricularia vulgaris).* Die meisten Wasserschlaucharten sind untergetauchte Wasserpflanzen, einige Vertreter wachsen auch im Moor oder als Epiphyten im Urwald.

In den Achseln der fein zerteilten Laubblätter liegen die bläschenartigen Fangapparate, die mit Fühlborsten versehen und durch einen Deckel verschlossen sind. Die Blasen enthalten Luft. Berührt nun ein kleines Wassertier (Kleinkrebse, Rädertierchen u. a.) die Fühlborsten, öffnet sich der Deckel nach innen, und mit dem einströmenden Wasser wird das Tier in das Innere der Blase gespült. In der Blase erfolgt dann durch besondere Zellen die Verdauung der Tiere, die durch von der Pflanze ausgeschiedene Enzyme und wahrscheinlich auch durch Bakterien in der Fangblase zersetzt worden sind.

Wegen der Schnelligkeit ihrer Bewegungen bezeichnete Charles Darwin die Venusfliegenfalle *(Dionaea muscipula)* als eine der wunderbarsten Pflanzen der Welt (Abb. 125). Die in Sümpfen in Nord- und Südkarolina in Nordamerika wachsende Pflanze, die einzige Art der Gattung, hat dicke grundständige Blätter, die einer aufgeklappten Muschel ähneln und auf einem blattartig verbreiterten Blattstiel sitzen. Die Blattflächen sind am Rand mit steifen Borsten besetzt, und jedes Blatt hat auf der Innenseite drei Fühlhaare. Die beiden Blatthälften sind durch ein in der Mittelachse liegendes Gelenk verbunden.

Berührt ein Insekt die Fühlhaare, dann klappen die beiden Blatthälften augenblicklich zusammen. Dieses Zusammenklappen wird durch Druckschwankungen in den Zellen verursacht. Beim Schließen haken sich die Zähne beider Blatthälften ineinander, so daß selbst relativ große Insekten nicht entweichen können. Die Verdauung erfolgt durch Verdauungsdrüsen auf der Blattinnenfläche. Der Verdauungsprozeß dauert bei der Venusfliegenfalle

acht bis vierzehn Tage. Danach öffnet sich das Blatt und ist wieder fangbereit. In der Regel kann ein Blatt nur zweimal einen Fangprozeß durchführen. Wie beim Fettkraut stirbt es sehr bald ab.

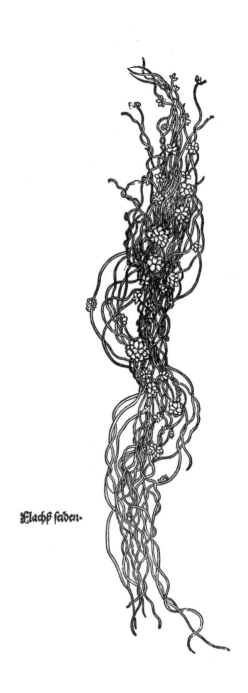

Flachß seiden.

Uns ist bekannt, daß sich die höheren Pflanzen durch Samen vermehren, die im Ergebnis der Befruchtung entstanden sind. Diese Samen lösen sich von der Mutterpflanze und keimen nach einer mehr oder weniger langen Ruhezeit auf dem Boden aus. So entstanden schließlich neue Pflanzen. Als Ausnahmen kennen wir auch noch die Vermehrung durch Ableger, durch Teilung oder ähnliche Vorgänge.

Von vielen Tieren wissen wir, daß sie im Gegensatz zu den Pflanzen lebende Junge zur Welt bringen, wie es bei nahezu allen Säugetieren der Fall ist. Man spricht dann von Viviparie. Diese Viviparie gibt es aber auch bei einigen Pflanzen, allerdings recht selten. Viele Mangrovebäume streuen keine Samen aus, sondern die Samen keimen auf den Mutterpflanzen und entwickeln sich zu relativ großen Keimpflanzen, die an den Ästen wie abwärts gerichtete grüne Kerzen hin und her pendeln (Abb. 126). Wenn sie eine Länge von 60 bis 80 cm erreicht haben, lösen sie sich von der Mutterpflanze, bohren sich auf Grund ihres relativ hohen Gewichtes in den Schlick und bilden nach kurzer Zeit lange Wurzeln.

Diese Viviparie ist eine echte Anpassung an die Lebensbedingungen der Mangroven. Auf dem regelmäßig überspülten Boden könnten sich kleinere Samen nicht halten, ihnen fehlte der Sauerstoff zur Atmung, und außerdem würden sie durch die Wasserbewegungen hinweggespült werden.

Während es sich bei den lebendgebärenden Mangrovebäumen um echte Viviparie handelt, tritt bei mehreren Pflanzen eine unechte Viviparie auf. Dabei entwickeln sich statt der Blüten Laubsprosse, oder an anderen Pflanzenteilen bilden sich Brutorgane, die abfallen und zu neuen Pflanzen heranwachsen.

Eines der bekanntesten Beispiele ist das auch als Zimmerpflanze weitverbreitete Brutblatt (Gattung *Kalanchoe*, bekannter noch unter dem Namen *Bryophyllum*) (Abb. 127). Ohne menschliche Eingriffe entstehen auf den Blattflächen oder an den Blatträndern kleine Brutpflanzen, die meist schon kleine Wurzeln getrieben haben und leicht abbrechen oder abfallen. Bei Bodenberührung wurzeln sie sehr bald an und bilden eigenständige Pflanzen. Daneben entwickelt das Brutblatt auch sehr ansehnliche, terminal stehende Blütenstände, die reichlich Samen ausbilden und damit ebenfalls zur Erhaltung und ausgedehnter Weiterverbreitung der Art beitragen.

Für das Brutblatt hat sich auch Goethe (1749–1832) stark interessiert. Längere Zeit beobachtete er die interessante Pflanze nicht nur in den Pflanzenhäusern von Belvedere bei Weimar,

sondern in einigen Exemplaren auch bei sich zu Hause. Mehrere seiner Aufzeichnungen über das Brutblatt sind bekannt geworden. An Marianne von Willemer schickt er 1830 einen Steckling der Pflanze nach Frankfurt am Main und begleitete ihn mit dem Vers:

«Wie aus einem Blatt
unzählig frische Lebenszweige sprießen,
mögst Du, einer Liebe selig,
tausendfaches Glück genießen.»

Das abgebildete, im südlichen Madagaskar heimische *Kalanchoe tubiflora* ist während des Sommers im Freien, im Winter im kühlen, hellen Zimmer leicht zu halten. Im Januar und Februar entwickeln sich die zahlreichen Blüten.

Unechte Viviparie finden wir aber auch bei anderen, in den gemäßigten Breiten heimischen Pflanzen, wo sie häufig als Ausgleich für ausbleibende Frucht- und Samenbildung auftritt. So bilden sich z. B. beim Knäuelgras (*Dactylis glomerata*) und beim Alpenrispengras (*Poa alpina*) an Stelle der Blüten junge Sprosse. Beim Knollenknöterich (*Polygonum viviparum*) entstehen an Stelle der Blüten im Blütenstand kleine Knollen, die sich bereits auf der Mutterpflanze beblättern und nach dem Abfallen sogleich Wurzeln treiben. Neben echten Blüten haben verschiedene Laucharten, darunter der Seltsame Lauch (*Allium paradoxum*) und der Schlangenlauch (*Allium scodoprasum*), in den Blütenständen zwiebelartige Brutknospen. Solche Brutknospen kann man auch in den Blütenständen des Schneesteinbrechs (*Saxifraga nivalis*) finden. Aber nicht nur im Bereich der Blüte und des Blütenstandes bringen die Pflanzen kleine Tochterpflanzen hervor. Bei der Zahnwurz (*Dentaria bulbifera*) und dem Scharbockskraut (*Ranunculus ficaria*) bilden sich Brutknollen in den Blattachseln, und bei der Edeldistel (*Eryngium viviparum*) entstehen dort kleine Sprosse.

Pflanzen ohne Wurzeln

Im allgemeinen besitzen alle höheren Pflanzen Wurzeln, die die Aufgabe haben, die Pflanze im Erdreich festzuhalten, sie mit Wasser und den darin gelösten Mineralstoffen zu versorgen und bisweilen auch als Speicherorgan zu dienen. Außerdem können die Wurzeln zu Atemwurzeln, Rankenwurzeln oder Stützwurzeln, ja selbst als Assimilationsorgane umgebildet sein, wie beispielsweise bei den Sumpfzypressen, bei Lianen oder bei manchen Orchideen.

In Anpassung an eine bestimmte Lebensweise sind bei manchen Pflanzen die Wurzeln sogar völlig zurückgebildet. Diese Erscheinung treffen wir bei vielen Wasserpflanzen, die nicht im Grunde verankert sind und das Wasser einschließlich der Nährstoffe mit der gesamten Oberfläche aufnehmen. Bei ihnen sind keine Wurzeln mehr notwendig. Ein Beispiel dafür ist der Wasserschlauch, den wir weiter oben bereits besprochen haben.

In der Familie der Bromeliengewächse, die in den amerikanischen Tropen vorkommen, gibt es einige wenige Pflanzen ohne Wurzeln, die aber ganz und gar nicht im Wasser leben. In den Trockenwäldern Süd- und Mittelamerikas wächst die Bromelie *Tillandsia usneoides*, eine wurzellose Pflanze (Abb. 128, 129). Die auch als Louisianamoos oder Spanish moss bekannte Epiphyte gleicht äußerlich einer Bartflechte. Sie hängt lang von den Ästen der Bäume herab, oft in so großen Mengen, daß sie einen dichten Vorhang bildet und die Bäume völlig von ihr bedeckt werden. Sie kann auch sehr lästig werden, wenn sie die Telegrafendrähte besiedelt.

Die Pflanze nimmt das Wasser mit den Blättern auf, und zwar unter Umständen das Sechs- bis Zehnfache ihres Trockengewichtes. Dadurch werden die Epiphyten sehr schwer und bringen die besiedelten Telegrafendrähte zum Zerreißen oder die Äste zum Abbrechen. Obwohl *Tillandsia usneoides* die kleinste und feingliedrigste Art ihrer Gattung darstellt, ist sie aus diesem Grunde die gefürchtetste. Vögel oder der Wind verbreiten die interessante Pflanze durch Samen oder kleine Sproßteile. Die drahtartigen und windenden Sprosse und die feinen gedrehten Blätter verankern sich in der Rinde der Bäume. Jedes abgetrennte Stück ist fähig weiterzuwachsen, es benötigt für seine weitere Entwicklung keine Wurzeln, nur eine bestimmte Luftfeuchtigkeit. Diese Luftfeuchtigkeit ist für die Pflanze lebensnotwendig, denn sie nimmt das Wasser mit Hilfe kleiner Saugschuppen auf, die über den gesamten Pflanzenkörper verteilt sind.

Ebenfalls ohne Wurzeln, nur nicht in solch langen und großen Bartfäden gedeiht *Tillandsia recurvata* (Abb. 130). In der Le-

bensfähigkeit steht sie aber nicht hinter *Tillandsia usneoides* zurück. Sie kann auch Leitungsdrähte besiedeln.

Die *Tillandsia*-Arten sind aber keineswegs die einzigen Landpflanzen ohne Wurzeln. Auch in Europa kommen wurzellose Pflanzen vor.

Im Winter, wenn die Laubbäume in Nord- und Mitteleuropa kein Laub mehr tragen, erkennt man die auf verschiedenen Bäumen schmarotzende Mistel *(Viscum album)*, die im gesamten Laubwaldgebiet von Europa und Nordasien vorkommt (Abb. 132). Befallen werden von der Laubholzmistel vor allem Pappeln, Ahorn, Linden, Robinien und Apfelbäume. Daneben gibt es noch die Nadelholzmistel *(Viscum laxum)*, die auf Kiefern und Tannen schmarotzt, und die Eichenmistel *(Loranthus europaeus)*, die sich ausschließlich auf Eichen verbreitet. Da die Mistel grüne Blätter besitzt, also Kohlenstoff aus der Luft aufnehmen kann, ist sie nur ein Halbschmarotzer (Hemiparasit). Das wohl Merkwürdigste an dieser Pflanze ist, daß sie auch auf sich selbst schmarotzen kann. So sind auf größeren Büschen manchmal kleine «Überschmarotzer» zu sehen. Durch Vögel gelangen die klebrigen Samen auf die Bäume, wo sie dann keimen. Echte Wurzeln bilden sie aber nicht aus. An ihrer Stelle sind die sogenannten Rindensaugstränge getreten, die die Rinde der Wirtspflanzen durchdringen und zapfenartige Senker bis zum Holzteil des Wirtes vortreiben, dem sie Wasser und darin gelöste Mineralstoffe entnehmen. Die gegliederten Stengel sind spröde und gabelartig verzweigt. Am Ende tragen sie zwei einander gegenüberstehende lederartige Blätter von fahl- bis goldgrüner Farbe.

Die Mistel ist zweihäusig, die Pflanzen haben also nur männliche oder nur weibliche Blüten. Interessant ist, daß in der Natur etwa dreimal soviel weibliche Büsche wie männliche vorkommen. Die Ursache dafür ist noch nicht restlos bekannt. Für die Bestäubung, die durch kleine Fliegen vorgenommen wird, reichen aber die wenigeren männlichen Büsche aus.

Aus den im Frühjahr erscheinenden kleinen gelben weiblichen Blüten bilden sich im Laufe des Jahres die erbsengroßen weißen und durchscheinenden Beeren, die mit einem klebrigen Saft gefüllt sind (Abb. 131). Sie werden durch bestimmte Vögel, vor allem die Misteldrossel und den Seidenschwanz, verbreitet.

Sowohl in der antiken Welt als auch in der germanischen Mythologie spielt die Mistel eine große Rolle. Als Weihnachtsschmuck hat sie in England und teilweise auch in Frankreich seit langen Zeiten als immergrüne Pflanze symbolische Bedeutung. Dort wird sie an der Decke oder an der Tür aufgehängt. Nach altem Brauch dürfen sich zwei, die sich unter einem Mistelzweig treffen, küssen. Medizinisch wurde die Mistel früher als blutdrucksenkendes Mittel angewandt.

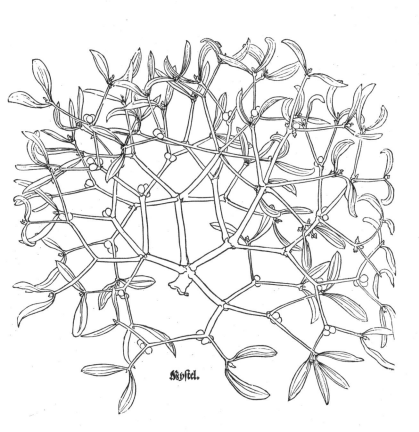

Mistel.

Im allgemeinen sind wir gewohnt, daß die Pflanzen grüne Blätter besitzen, mit deren Chlorophyll sie aus anorganischen Stoffen organische aufbauen. Es gibt aber auch Pflanzen, die kein Blattgrün oder Chlorophyll enthalten und deshalb ihre organischen Stoffe auf eine andere Weise gewinnen müssen. Häufig sind chlorophyllose Pflanzen vor allem unter den niederen Pflanzen, von denen wir die Pilze als bekannteste Gruppe hervorheben möchten. Aber auch unter den Blütenpflanzen gibt es einige, denen das Blattgrün fehlt.

In verschiedenen europäischen Wäldern wachsen einige dieser interessanten Pflanzen, die durch ihre bleiche Farbe und die besondere Ernährungsweise auffallen. Moderpflanzen (Saprophyten) nennt man solche Gewächse, die auf abgestorbenen organischen Stoffen, auf Humus, leben. Alle Aufbaustoffe entnehmen sie dem Substrat, auf dem sie wachsen. Da sie kein Licht zur Photosynthese benötigen, sind sie oft an den dunkelsten Stellen der Wälder zu finden und stehen damit ganz im Gegensatz zu den im ersten Abschnitt dieses Kapitels behandelten Pflanzen.

Eine dieser Moderpflanzen ist die Nestwurz *(Neottia nidus-avis),* eine Orchidee mit einem 20 bis 40 cm hohen Blütenstand von ledergelber bis hellbrauner Farbe (Abb. 135). Die relativ großen Blüten sind gelblich und duften etwas nach Honig. Die Nestwurz lebt allerdings nicht ausschließlich saprophytisch, sondern auch teilweise parasitisch, d. h., sie entzieht anderen Pflanzen Nährstoffe. Stets kommt sie in Gemeinschaft (Symbiose) mit einem Wurzelpilz vor. Beide — Orchidee und Pilz — sind auf diese Gemeinschaft angewiesen. Die Pilzwurzelsymbiose hat für die Nestwurz — das trifft für viele Orchideen zu — eine zweifache Bedeutung. Zuerst übt der Pilz einen Keimungsreiz auf den Samen aus, denn ohne diesen Pilz kann der Samen nicht keimen. Dann führt der Pilz der jungen Pflanze die notwendigen Baustoffe für die weitere Entwicklung zu, die der Pilz dem Boden entnimmt.

Auch die Korallenwurz *(Corallorhiza trifida),* eine Orchidee der Buchen- und Fichtenwälder Europas, Sibiriens und Nordamerikas, lebt als Moderpflanze und als Parasit (Abb. 134). Der Stengel der schlanken und zierlichen, 6 bis 20 cm hohen Pflanze ist gelblichgrün und kann in beschränktem Maße assimilieren. Die kleinen Blüten haben eine weiße dreilappige Lippe mit roten Punkten, die von gelblichen Perigonblättern umgeben ist.

Beide Orchideen blühen vom Mai bis zum Juni und sind oft miteinander vergesellschaftet.

Eine ähnliche Lebensweise zeichnet den in feuchten Laub- und Nadelwäldern der gesamten Nordhalbkugel außerhalb der Tropen vorkommenden Fichtenspargel *(Monotropa hypopitys)* aus. Die bleiche, braune oder wachsgelbe, selten rosa oder purpurrot überlaufene Pflanze wird 10 bis 30 cm hoch. Ihr Stengel ist von 1 bis 1,5 cm langen, dicht stehenden Schuppenblättern bedeckt. Ihre Blüten entfaltet sie vom Juni bis zum August. In Verbindung mit Wurzelpilzen wächst sie saprophytisch und parasitisch auf mildem Humus.

Unter den chlorophyllfreien Pflanzen gibt es aber auch solche, die ihre Nährstoffe nicht von Pilzen, sondern von höheren Pflanzen beziehen, also ein echtes Schmarotzerdasein führen.

Nur aus den windenden Stengeln und den Blüten bestehen die Vertreter der Seidegewächse *(Cuscuta)*, die über die ganze Erde verbreitet sind. Mit ihren Stengeln schlingen sie sich um die Wirtspflanzen und entnehmen ihnen alle Nährstoffe, die sie benötigen, indem sie spezielle Saugorgane, die sogenannten Haustorien, in die Wirte entsenden (Abb. 133). Seide ist auf Bäumen, bedeutend häufiger aber auf Kräutern zu finden. Da einzelne Seidearten wie die Kleeseide *(Cuscuta trifolii)*, die Hopfenseide *(Cuscuta europaea)* und die Leinseide *(Cuscuta epilinum)* auch bestimmte Kulturpflanzen befallen, können sie mitunter beträchtlichen Schaden anrichten. Nicht umsonst haben diese Pflanzen deshalb auch den Namen Teufelszwirn erhalten.

Weniger Schaden richten die ebenfalls auf höheren Pflanzen parasitierenden Sommerwurzgewächse (Orobanchaceae) mit der häufigsten Gattung Sommerwurz *(Orobanche)* an. Sie kommen auf den verschiedensten wildwachsenden Kräutern, besonders auf Korbblütlern, selten auf Kulturpflanzen vor. Es sind chlorophyllfreie Kräuter mit aufrechten, schuppig beblätterten Stengeln bis 60 cm Höhe und von gelblicher, brauner oder violetter Farbe. Die meisten Arten besiedeln Europa und Asien, nur wenige sind in Nordafrika und Nordamerika heimisch. Ihre Nährstoffe entnehmen die Sommerwurzpflanzen den Wurzeln der Wirte, in die sie mit Haustorien eindringen. Sie selbst entwickeln keine echten Wurzeln.

Nahe verwandt mit den Sommerwurzgewächsen sind die Braunwurzgewächse (Scrophulariaceae), unter denen es auch Schmarotzer, insbesondere aber Halbschmarotzer gibt.

Eine echte Schmarotzerpflanze ist die ausdauernde, blattgrünlose, 10 bis 25 cm hohe Gemeine Schuppenwurz *(Lathraea squamaria)*, die in ganz Europa und im gemäßigten Asien bis zum Himalaja verbreitet ist (Abb. 139). Wegen ihres seltsamen Aussehens und der eigenartigen Lebensweise hat die Pflanze das Interesse zahlreicher Botaniker auf sich gelenkt. Größtenteils lebt sie unterirdisch. Lediglich im Frühjahr erscheinen die saftreichen, einseitswendigen, etwas rötlichen Blütentrauben über der Erde. Unter der Erde wächst ein reich verzweigtes Rhizom, von dem eine Hauptwurzel mit zahlreichen Seitenwurzeln abgeht. Die Seitenwurzeln umspinnen das Wurzelsystem der Wirtspflanzen und entnehmen diesem durch Haustorien Wasser und Nährstoffe. Die Schuppenwurz schmarotzt vor allem auf Bäumen und Sträuchern, insbesondere Erlen, Haseln, Buchen, Hainbuchen, Eichen, Ulmen und vielen Parkgehölzen.

Neben der echt parasitischen Schuppenwurz gehören zu den Braunwurzgewächsen auch zahlreiche Halbschmarotzer, wie wir einen aus einer anderen Verwandtschaftsgruppe schon mit der Mistel kennengelernt haben. Allerdings schmarotzen die Braunwurzgewächse nicht in den Baumkronen, sondern sie entnehmen die Nährstoffe wie die Schuppenwurz der Wurzel ihrer Wirtspflanzen. Von den zahlreichen Gattungen möchten wir hier nur den Klappertopf *(Rhinanthus)*, den Augentrost *(Euphrasia)* (Abb. 138), das Läusekraut *(Pedicularis)* (Abb. 136) und den Wachtelweizen *(Melampyrum)* (Abb. 137) erwähnen. Sie besitzen zwar alle grüne Blätter, bleiben aber ohne Verbindung mit Wirtspflanzen klein und kommen nicht zur Blüte. Die meisten von ihnen schmarotzen auf Gräsern, Sauergräsern und einigen anderen Wiesenpflanzen. Besonders der Große Klappertopf *(Rhinanthus serotinus)* kann bisweilen in Getreidefeldern recht lästig werden (Abb. 140). Eine Ausnahme bei der Wahl der Wirtspflanzen bilden einige Wachtelweizen-Arten, die auf Waldbäumen und Heidelbeeren parasitieren.

100 *Cissus discolor* ist ein rasch wachsender Kletterstrauch, der bald die Höhen der Urwaldbäume erreicht

101 Die Vanille *(Vanilla planifolia)* hält sich mit dünnen Wurzeln an den Stämmen der Urwaldbäume fest

102 Die Rotangpalmen *(Calamus)*
erreichen Trieblängen bis zu 240 m

103 *Tillandsia prodijosa* ist eine epiphytische Bromelie

104 In den zisternenartig angeordneten Blättern der Bromelien wird das Niederschlagswasser gesammelt

105 Blattschuppen der Bromelie *Tillandsia hildae*, mit denen das Wasser aufgenommen wird (rasterelektronenmikroskopische Aufnahme)

106 Epiphytische Orchidee mit Luftwurzeln, die das Niederschlagswasser aufnehmen können

107 Geweihfarne *(Platycerium)* auf einem Affenbrotbaum
108 Nischenblätter des Geweihfarns

109 Habitusbild einer Ameisenpflanze
(Myrmecodia echinata)
110 Durchschnittene Knolle der Ameisenpflanze
mit den Hohlräumen, in denen die Ameisen leben

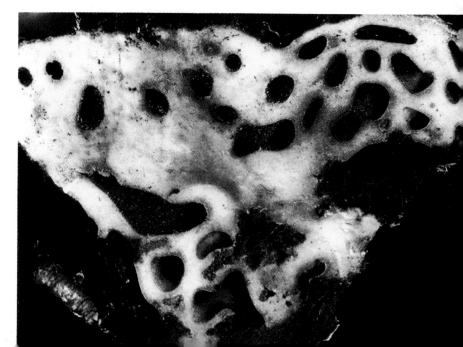

111 Würgefeige an einem Tragbaum im Urwaldgebiet von Südperu
112 Alte und große Würgefeige *(Ficus bengalensis)* mit zahlreichen
Luftwurzeln auf der Insel Mauritius

115 Sumpfporst *(Ledum palustre)*

116 Scheidiges Wollgras *(Eriophorum vaginatum)*

117 Wurzelknie der Sumpfzypresse
(Taxodium distichum)

118 Verschiedene Entwicklungsstadien der Mangrovepflanze
Rhizophora mangle auf Kuba. Im Hintergrund sind vor dem Gehölz
die Atemwurzeln von *Avicennia nitida* zu sehen

120 Blattrosette vom Kapsonnentau *(Drosera capensis)* mit den gestielten Tentakeln

121 Das Fettkraut *(Pinguicula vulgaris)* fängt die Insekten mit kleinen Drüsenhaaren auf den Blättern

122 Sumpfvegetation bei Mantanino auf Madagaskar mit der
Kannenpflanze *Nepenthes madagascariensis*

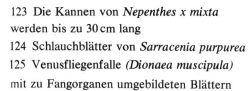

123 Die Kannen von *Nepenthes x mixta*
werden bis zu 30 cm lang

124 Schlauchblätter von *Sarracenia purpurea*

125 Venusfliegenfalle *(Dionaea muscipula)*

mit zu Fangorganen umgebildeten Blättern

126 Junge Keimlinge an den Ästen der Mangrovepflanze
Rhizophora conjugata auf Madagaskar
127 Brutblatt mit jungen Keimpflanzen

128 Einzelpflanzen von *Tillandsia usneoides*
129 Dicht mit *Tillandsia usneoides* behangene Eiche im Nebelwald
von Mexiko

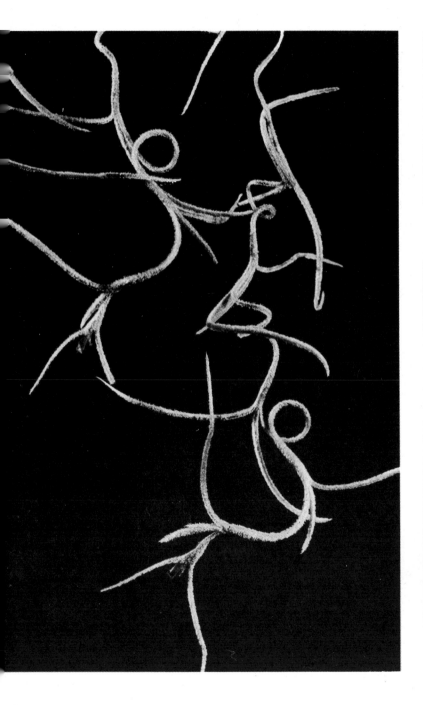

130 *Tillandsia recurvata* auf einem Leitungsdraht wachsend
131 Früchte der Mistel *(Viscum album)*

132 Auf den unbelaubten Bäumen ist die Mistel *(Viscum album)*
im Winter besonders gut zu erkennen

133 Die Seidenpflanzen *(Cuscuta)*
schmarotzen auf den verschiedensten Wirten

134 Korallenwurz *(Corallorhiza trifida)*

135 Nestwurz *(Neottia nidus-avis)*

136 Das Sumpfläusekraut *(Pedicularis palustris)* besiedelt
als Halbschmarotzer vor allem feuchte Stellen
137 Durch die violett-gelben Blütenstände fällt
der Hainwachtelweizen *(Melampyrum nemorosum)*
besonders auf

138 Der gemeine Augentrost *(Euphrasia officinalis)*
ist ein Halbschmarotzer

139 Im Frühjahr sind die blaßroten Blütenstände
der Schuppenwurz *(Lathraea squamaria)* vielerorts zu finden
140 Der Große Klappertopf *(Rhinanthus serotinus)* ist ein
Halbschmarotzer

Die Pflanzen und der Aberglaube

Die wundertätige Alraune

Der reale Kern

Zauberpflanzen –

Arzneimittel und Gifte

Hexenpflanzen

Vom Pfeilgift zum Arzneimittel

Ginseng zwischen Aberglauben und Realität

Der Weg ins «Paradies»

Eiſenkraut weible.

Nicht nur rein wirtschaftlichen Zwecken, als Nahrungsgüter oder Rohstofflieferanten dienen die Pflanzen dem Menschen, sondern sie spielen auch im Brauchtum eine große Rolle. Erinnert sei nur daran, daß es fast überall auf der Welt üblich ist, zu freudigen oder auch zu traurigen Ereignissen Blumen mit einzubeziehen. Eng mit Pflanzen verbunden waren und sind ebenfalls viele abergläubische Vorstellungen, die in vergangenen Zeiten weitverbreitet waren, aber bei manchen Menschen heute durchaus noch nicht restlos überwunden sind. Wir denken dabei nur daran, daß sich viele Menschen immer noch darüber freuen, wenn sie ein vierblättriges Kleeblatt (Trifolium repens) finden und es für ein glückbringendes Zeichen halten. Selbst eine Zimmerpflanze, den Glücksklee (Oxalis deppei), gibt es. Er ist allerdings mit dem auf den Wiesen wachsenden Weißklee nicht verwandt.

Diese Überreste des Aberglaubens sind allerdings harmlos, wenn man sie mit den Vorstellungen des Mittelalters oder des Altertums vergleicht.

Seit Jahrtausenden hat der Mensch bestimmten Pflanzen Zauberkräfte zugeschrieben. Wie stark dieser Glaube mit den Pflanzen verbunden war, beweisen viele Überlieferungen und Sagen, aber allein schon Pflanzennamen wie Hexenkraut, Teufelskralle, Teufelsabbiß, Berufkraut sowie Bezeichnungen wie Hexenbesen oder Hexenring. Die Wurzeln dieses Aberglaubens von den Kräften der Zauberkräuter sind im Dämonenglauben unserer Vorfahren zu suchen. Einige dieser Zauberpflanzen wollen wir uns jetzt ansehen.

Vom Knoblauch (Allium sativum) wurde behauptet, daß er vor Hexerei und Zauberei schütze. In einigen Gegenden gab man ihn dem Viehfutter bei, um die Tiere gegen bösen Einfluß zu schützen. Auch der Waldmeister (Galium odoratum) diente der Abwehr böser Geister. Zum gleichen Zweck wurde auch Kümmel (Carum carvi) angebaut. Besonders Kinder sollten durch die Samen der Pfingstrose (Paeonia officinalis) vor Hexen und Teufeln bewahrt werden (Abb. 147).

Es kam aber nicht nur darauf an, sich vor den Hexen zu schützen, man mußte sie auch erkennen, da sie sich nicht von den anderen Menschen unterschieden. Ein Kranz aus Gundermann (Glechoma hederacea), Tausendgüldenkraut (Centaurium minus) oder Liebstöckel (Levisticum officinale) löste auch dieses Problem. Glück brachte der Sandthymian (Thymus serpyllum), mit dem man auch den Teufel austreiben oder von ihm verursachte Beschwerden heilen konnte. Am Johanniskraut (Hypericum perforatum), das einen roten Farbstoff absondert und

dessen Blätter wie zerstochen aussehen, konnte ein «Pflanzenkundiger» früherer Zeiten ebenfalls nicht vorübergehen (Abb. 141). Ein Sträußchen dieser Pflanze sollte unter anderem dazu dienen, den Blitzschlag abzuwenden.

Infolge ihrer eigenartigen Lebensweise, auf die wir bereits an anderer Stelle eingegangen sind, wurde auch der Mistel (Viscum) Zauberkraft zugesprochen. In Haus und Stall aufgehängt sollte sie Mensch und Tier schützen.

Zauberkräftige Pflanzen wurden aber nicht nur zur Abwehr von Hexen und Teufeln benutzt, sondern auch die Hexen brauchten sie, um ihrem Handwerk nachzugehen und ihre Missetaten vollbringen zu können. Aus Bilsenkraut (Hyoscyamus niger) und Stechapfel (Datura stramonium), Tollkirsche (Atropa belladonna), Eisenhut (Aconitum napellus) (Abb. 142) und Eisenkraut (Verbena officinalis) stellten sie eine Salbe her, die sie unsichtbar machte und im rasenden Flug zum Hexensabbat auf dem Blocksberg brachte. Auf diese Hexensalbe werden wir noch einmal zurückkommen.

Die bisher besprochenen Pflanzen ließen sich eindeutig bestimmen, das ist aber bei einigen anderen nicht der Fall, die deswegen aber nicht weniger bekannt sind.

Der Dichter des klassischen Altertums Homer beschreibt in seiner Odyssee das Kraut Moly. Bekanntlich waren die Gefährten des griechischen Helden in den Bann der Zauberin Circe geraten, die sie in Schweine verwandelte. Als Odysseus auszog, um die Freunde zu befreien, warnte ihn der Götterbote Hermes und gab ihm das Kraut Moly, das ihn vor dem verderbenbringenden Trank schützte. Leider gibt Homer nur an, daß die Pflanze eine schwarze Wurzel und eine weiße Blüte hat. Aus diesem Grunde ist es bisher nicht gelungen, das Kraut Moly zu identifizieren, obwohl sich bereits Theophrast und Plinius der Ältere, Linné und selbst Botaniker unserer Zeit darum bemüht haben. Wahrscheinlich handelt es sich um eine reine mythologische Erfindung.

In vielen Märchen oder Sagen aus aller Welt kommen die Wunderblume oder die Springwurzel vor, denen seltsame Zauberkräfte zugeschrieben werden. Der Träger der Wunderblume wird für andere Menschen unsichtbar und findet leicht den Eingang zu unterirdischen Höhlen, in denen Schätze verborgen sind. Leider enden diese Märchen meistens traurig, weil der Finder die Wunderblume wieder verliert. Beschrieben wird die Wunderblume als blaue oder weiße Blume, die eine Wegwarte oder eine Lilie sein könnte.

Genauso wenig ist über die Springwurz bekannt. Auch sie machte ihren Besitzer unsichtbar und öffnete vor allem verschlossene Türen. Um sie zu erlangen, mußte man das Nest eines Spechtes, andere Sagen nennen einen Wiedehopf, so verstopfen, daß der Vogel nicht zu seiner Brut gelangen konnte. Das Tier brachte daraufhin die besagte Wurzel herbei, öffnete das Nest und ließ die Wurzel fallen, die nun in den Besitz des glücklichen Finders überging.

Seltsame Kräfte wurden auch den Farnsamen zugeschrieben. Sie sollten ebenfalls den Träger unsichtbar werden lassen, ihn unverwundbar machen und ihm beim Schätzeheben helfen. Allerdings war es schwierig, Farnsamen zu erhalten, da er nur in der Johannisnacht (24. Juni) an den Pflanzen zu finden war und außerdem nur durch besonders gefährliche Beschwörungen gewonnen werden konnte. Heute ist bekannt, daß Farne keine Samen ausbilden. Aber gerade dieser Umstand wird die abergläubischen Vorstellungen genährt haben, weil die Menschen gewohnt waren, daß alle Pflanzen Samen entwickelten. Warum sollten gerade die großen und auffälligen Farne eine Ausnahme darstellen?

Keine andere Pflanze im europäisch-orientalischen Raum hat im Aberglauben früherer Zeiten ein so hohes Ansehen genossen wie die Alraune *(Mandragora vernalis)* (Abb. 143). Bereits den alten Ägyptern muß sie bekannt gewesen sein, wie eine bildliche Darstellung an einer Grabwand, die vor über 3000 Jahren entstand, beweist. Obwohl der bereits erwähnte griechische Botaniker Theophrast über die Alraunwurzel berichtete und sich gegen den Schwindel der Zauberriten beim Ausgraben wandte, erschienen in den folgenden Jahrhunderten immer wieder die Märchen von ihrer Zauberkraft.

Der jüdische Geschichtsschreiber Flavius (37–95) berichtete in der «Geschichte des jüdischen Krieges» darüber:

«Das Tal, welches die Stadt Machärus (östlich des Toten Meeres) auf der Nordseite einschließt, heißt Baara und erzeugt eine wunderbare Wurzel gleichen Namens. Sie ist flammend rot und wirft des Abends rote Strahlen aus; sie auszureißen ist sehr schwer, denn dem Nahenden entzieht sie sich und hält nur dann still, wenn man Harn und Blutfluß daraufgießt. Auch dann ist bei jeder Berührung der Tod gewiß, es trage denn einer die ganze Wurzel in der Hand davon. Doch bekommt man sie auf andere Weise, und zwar so. Man umgräbt sie rings so, daß nur noch ein kleiner Rest

Graben der Alraune in einer mittelalterlichen Darstellung

der Wurzel unsichtbar ist. Dann bindet man einen Hund daran, und wenn dieser dem Anbinder schnell folgen will, so reißt er die Wurzel, stirbt aber auf der Stelle als ein stellvertretendes Opfer dessen, der die Pflanze nehmen will. Hat man sie einmal, so ist keine Gefahr mehr. Man gibt sich aber so viel Mühe um sie wegen folgender Eigenschaften: Die Dämonen, d.h. böse Geister schlechter Menschen, welche in die Lebenden hineinfahren und sie töten, wenn nicht schnell Hilfe gebracht wird, werden von dieser Pflanze ausgetrieben, sobald man sie dem Kranken auch nur nahebringt.»

Außerdem soll sie gegen Epilepsie und Augenkrankheiten helfen, als Aphrodisiakum wirken und selbstverständlich auch verborgene Schätze ans Tageslicht bringen. Auf diese letzte Eigenschaft bezieht sich Goethe, als er im zweiten Teil des «Faust» Mephisto sagen läßt:

«Da stehen sie umher und staunen,
Vertrauen nicht dem hohen Fund,
Der eine faselt von Alraunen,
Der andre von dem schwarzen Hund.»

Was hat es nun mit dieser Pflanze tatsächlich auf sich? Die Alraune gehört zu den Nachtschattengewächsen und hat eine auffallend verzweigte Speicherwurzel, die man mit viel Phantasie als menschliche Gestalt deuten kann. Sie ist vom Mittelmeerraum über Südwestasien bis zum Himalaja verbreitet und blüht bereits Ende Februar bis Anfang April mit zahlreichen Blütenständen dicht über der Erdoberfläche. Erst später entwickeln sich die rosettenartig angeordneten Blätter. Wie die meisten Nachtschattengewächse enthält die Pflanze einige Alkaloide. Sie sind aber so gering konzentriert, daß die Pflanze heute in der Medizin keine nennenswerte Rolle spielt.

Als liebeswirksam galten und gelten leider auch heute noch mancherorts die Knollen des Salepknabenkrautes *(Orchis morio)*, einer in Mittel- und Südeuropa sowie in Asien vorkommenden Orchidee, die auf sonnigen Magerwiesen, an grasigen Hängen und in lichten Wäldern wächst (Abb. 148). Als Nahrungs- und Stärkungsmittel für Kinder und Kranke wurden die relativ großen runden Knollen ausgegraben, gewaschen, durch kochendes Wasser abgetötet, getrocknet und gedörrt. Heute noch werden die Knollen in der Türkei gesammelt und zur Speiseeiserzeugung und zur Bereitung eines Getränks ver-

wendet, das besonders im Winter getrunken wird und eine «heilsame» Wirkung bei Erkältungskrankheiten zeigen soll.

Wegen des Raubbaus und wegen bestimmter Biotopveränderungen ist die einst häufige Pflanze in vielen Gegenden verschwunden. Nur durch strengen Schutz kann sie auch folgenden Generationen erhalten bleiben.

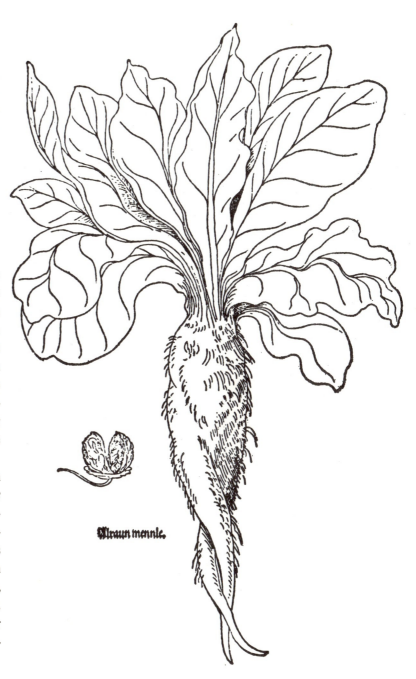

Alraun mennle.

Der reale Kern

Nach all dem bisher über die Zauber- und Hexenpflanzen Gesagten taucht nun selbstverständlich die Frage auf, ob die abergläubischen Vorstellungen einen realen Hintergrund haben und wo er eventuell zu suchen ist. Mit dieser Frage beschäftigen sich die Wissenschaftler schon längere Zeit und sind zu der Auffassung gekommen, daß durchaus ein realer Kern existiert. 1925 schrieb der Pharmakologe Hermann Fühner in einer Arbeit über die Solanaceae (Nachtschattengewächse) zu den Hexensalben folgendes:

«Es kann kein Zweifel unterliegen, daß die narkotische Hexensalbe ihr Opfer nicht nur betäubte, sondern dasselbe den ganzen schönen Traum von der Luftfahrt, vom festlichen Gelage, von Tanz und Liebe so sinnfällig erleben ließ, daß es nach dem Wiedererwachen von der Wirklichkeit des Geträumten überzeugt war. Die Hexensalbe stellte in dieser Weise ein Berauschungs- und Genußmittel des armen Volkes dar, dem kostspieligere Genüsse versagt waren... Bemerkenswert ist die vielfach auftauchende Vorstellung der Verwandlung in Tiergestalt durch die Salbe. Die deutschen Hexen glaubten sich in Katzen, Hasen, Eulen, Gänse und andere Tiere verwandelt... Außer den Solanazeen enthielten manche Hexensalben auch Akonit (giftiger Bestandteil des Eisenhutes, *Aconitum napellus*). Gerade durch diesen Zusatz, mit seinen die sensiblen Nervenenden in der Haut erregenden, dann lähmenden Alkaloiden, konnte die Autosuggestion der Tierverwandlung, des aus dem Körper emporwachsenden Haar- oder Federkleides entstehen, wie wir heute ähnliche, von der Haut ausgehende Sinnestäuschungen bei den Kokainisten beobachten.»

Vor etwa fünfzehn Jahren unternahm der Ethnologe Will Erich Peuckert zusammen mit einem Freund Selbstversuche mit einer Hexensalbe, zu der das Rezept überliefert ist. Die Salbe strichen sie sich auf die Stirn und in die Achselhöhlen. Nach kurzer Zeit fielen sie in einen rauschähnlichen Schlaf und erwachten später mit schweren Kopfschmerzen und einem trockenen Mund, als ob sie betrunken gewesen waren. Peuckert selbst berichtet darüber:

«Wir hatten wilde Träume, vor meinen Augen tanzten zunächst grauenhaft verzerrte Gesichter. Dann plötzlich hatte ich das Gefühl, als flöge ich meilenweit durch die Luft. Der Flug wurde wiederholt durch tiefe Stürze unterbrochen. In der Schlußphase schließlich das Bild eines orgiastischen Festes mit grotesken sinnlichen Ausschweifungen.»

Aus diesem Versuch geht hervor, daß die aus Pflanzen zubereitete Hexensalbe durchaus auf den menschlichen Körper in einer bestimmten Richtung wirkte. Nicht viel anders verhält es sich mit einigen anderen Pflanzen, denen magische Kräfte zugeschrieben wurden.

Viele von ihnen zeichnen sich erst einmal durch einen besonderen Duft aus, der auf den Gehalt an ätherischen Ölen oder anderen Stoffen zurückzuführen ist. Wir möchten in diesem Zusammenhang nur an Knoblauch, Waldmeister, Kümmel, Thymian und Liebstöckel erinnern, die gerade aus diesem Grund als Gewürze verwendet werden. Andere Pflanzen haben in der Volksmedizin eine nicht unbedeutende Rolle gespielt und werden bei verschiedenen Krankheiten heute noch verordnet. Daß Medizin und Pharmazie früher sehr eng mit Zauberei und Magie verbunden waren, dürfte allgemein bekannt sein. Schließlich gehören zu den Zauberpflanzen viele giftige Arten, bei denen der Zusammenhang mit Hexerei auch nicht schwer zu finden ist. Vorstellungen allerdings, daß ein Sträußchen Johanniskraut gegen Blitzschlag und ähnliches schützt, sind reine Phantasieprodukte.

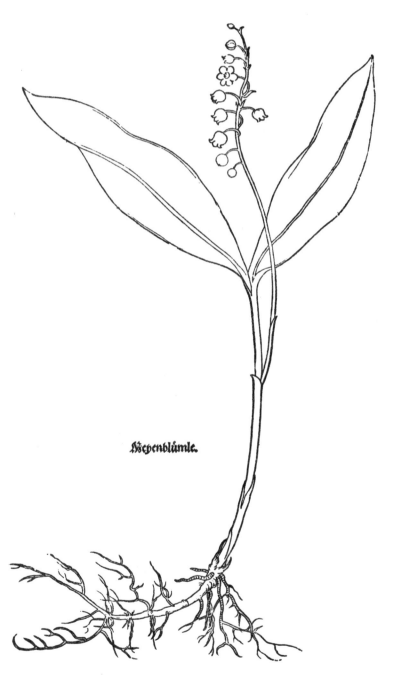

Mepenblümle.

Inhaltsstoffe, die zur Herstellung von Arzneimitteln und zu anderen medizinischen Zwecken verwendet werden, sind in vielen Pflanzen enthalten. Seit langen Zeiten schon sucht der Mensch bei solchen Kräutern Hilfe. Bei allen Fortschritten der Forschung und der chemischen Arzneimittelherstellung sind Pflanzen auch heute noch nicht aus den Apotheken wegzudenken, und das Sammeln von Heilkräutern ist immer noch eine lohnende Aufgabe.

Viele der heute noch verwendeten Heilkräuter waren schon im Altertum bekannt. Der griechische Arzt Dioskurides, der im 1. Jahrhundert lebte, faßte die ihm bekannten Heilpflanzen in seiner «Großen Arzneimittellehre» zusammen und führte darunter neben vielen anderen auch die Schafgarbe *(Achillea millefolium)*, den Augentrost *(Euphrasia officinalis)*, den Anis *(Pimpinella anisum)*, den Huflattich *(Tussilago farfara)*, den Spitzwegerich *(Plantago lanceolata)*, Brombeere, Tausendgüldenkraut, Johanniskraut und Liebstöckel auf.

Der Fenchel *(Foeniculum vulgare)* spielte in den Volksbräuchen der alten Ägypter und Griechen bereits eine Rolle und wurde bei ihnen als Heilpflanze geschätzt. Bereits in der alten arabischen Medizin war die Kamille *(Matricaria chamomilla)* bekannt (Abb. 145).

Wesentlich jüngeren Datums ist die Anwendung von Arnika *(Arnica montana)*, Fingerhut *(Digitalis purpurea)* und Mutterkorn *(Claviceps purpurea)* (Abb. 144) zu Heilzwecken. Die Giftigkeit der beiden letzteren ist aber schon lange bekannt und wurde auch zu kriminellen Handlungen ausgenutzt.

Schon vor Jahrtausenden wußten die Menschen, daß der Genuß bestimmter Pflanzen oder Pflanzenteile schädlich ist und unter Umständen sogar den Tod herbeiführen kann. Zu den bekanntesten Giftpflanzen in der mitteleuropäischen Flora gehören neben dem Fingerhut der Gefleckte Schierling *(Conium maculatum)* (Abb. 146), der Wasserschierling *(Cicuta virosa)* und die Herbstzeitlose *(Colchicum autumnale)* (Abb. 149) sowie die bereits erwähnten «Hexenpflanzen» Tollkirsche, Bilsenkraut, Stechapfel und Eisenhut.

Traurige Berühmtheit erlangte der Schierling bereits im Altertum. Der berühmte griechische Philosoph Sokrates, der den Menschen und sein Handeln in den Mittelpunkt seiner Betrachtungen stellte, wurde wegen Leugnung der Götter und Verführung der Jugend angeklagt. Da er seine Lehren nicht widerrief, verurteilte man ihn zum Tode. Er starb, wie es damals üblich war, durch den Giftbecher, den Schierlingsbecher.

Der Schierling gehört zu den Doldengewächsen und wird 50 bis 250 cm hoch. Der gerillte Stengel ist im unteren Teil meist rotfleckig und trägt die zwei- bis vierfach fiederschnittigen Blätter. Die weißen Blüten stehen in großen Dolden und entfalten sich im Juni bis zum September. Die Pflanze wächst vorwiegend an Hecken, Mauern, Wegrändern und auf Brachland. Verbreitet ist sie von Mitteleuropa bis Norwegen, Finnland, zum Altai- und Baikalgebiet und bis nach Nordafrika. Charakteristisch ist der auffallende Geruch nach Mäuseharn. Die in der Pflanze enthaltenen giftigen Alkaloide lähmen die motorischen Nervenenden, so daß der Tod durch Aussetzen der Atemmuskulatur bei vollem Bewußtsein eintritt.

Das Gift der Herbstzeitlose, das Colchizin, wirkt dagegen auf das Zentralnervensystem. Schon 20 mg, die in etwa fünf Samen enthalten sind, können Menschen nach zwei bis fünf Stunden töten. Eigenartig ist die Lebensweise dieser Pflanze. Von August bis Oktober blüht sie an feuchten Standorten auf Wiesen und Auen von der Ebene bis in das Gebirge. Während dieser Zeit können wir aber nur die Blüten finden, die aus sechs, unten zu einer langen Röhre verwachsenen, hellvioletten Blütenblättern mit den angewachsenen Staubblättern und dem noch in der Erde befindlichen Fruchtknoten bestehen. Erst im folgenden Frühjahr, wenn sich der Blütenstiel streckt und die Frucht mit den zahlreichen Samen über den Erdboden hebt, entfalten sich die großen, breitlanzettlichen stumpfen, glänzend grünen Blätter. Diese Lebensweise hat zu vielen abergläubischen Vorstellungen beigetragen.

Der Fingerhut mit den auffallenden roten Blüten an den oft über einen Meter hohen Pflanzen, eine Zierde vieler Gebirgswälder, ist als Giftpflanze schon lange Zeit bekannt, als Heilpflanze wird er aber erst seit dem Mittelalter verwendet. Allerdings gab es dabei einen auffallenden Wandel. Die Ärzte des Mittelalters verordneten ihn nämlich als Brech- und Abführmittel. Heute wissen wir, daß diese Wirkungen nichts anderes als die Folge von Vergiftungen waren. Gegenwärtig nehmen die Inhaltsstoffe des Fingerhutes eine hervorragende Stellung bei der Behandlung von Herzkrankheiten ein, sie kräftigen den Herzmuskel und beeinflussen die Schlagfolge. Da der Gehalt an wirksamen Stoffen aber abhängig von den verschiedensten Faktoren sehr stark schwankt, verwendet man kaum noch Wildpflanzen, sondern baut den Fingerhut feldmäßig an.

Giftpflanze und Arzneimittel zugleich ist auch das Mutterkorn, das noch in manchen Roggenähren zu finden ist und wie große,

mißgestaltete, dunkle Roggenkörner aussieht (Abb. 144). Die Pflanze gehört zu den Pilzen und entwickelt sich in einem komplizierten Kreislauf. Das eigentliche Mutterkorn ist dabei eine besondere Dauerform. In früheren Zeiten wurde das Mutterkorn mit den Körnern vermahlen, und es kam zu Vergiftungen, die sich in Erbrechen, Kältegefühl sowie Durchblutungsstörungen der Gliedmaßen bis zu deren Brandigwerden und Abfallen äußerten. In alten Chroniken wird diese Krankheit «Heiliges Feuer» genannt. Heute wird Mutterkorn in der Medizin vorwiegend in der Frauenheilkunde und bei der Geburtshilfe angewandt.

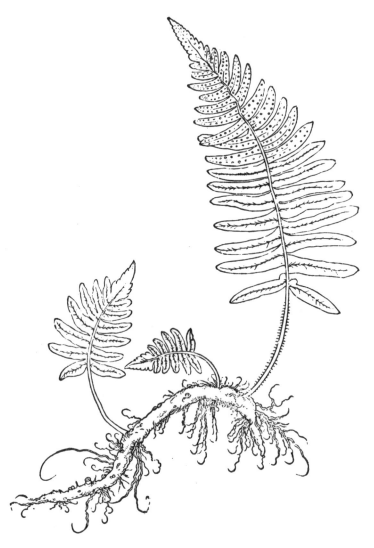

Engelſüß.

Giftpflanzen dienten in früheren Zeiten keineswegs nur kriminellen Zwecken oder kultischen Handlungen, sondern sie hatten in einigen Gebieten auch wirtschaftliche und militärische Bedeutung. Vor allen Dingen bei den Bewohnern tropischer Wälder wurde aus ihnen Pfeilgift hergestellt. In Asien und Südamerika waren es einige Arten der Gattung *Strychnos* (Brechnuß), die zur Familie der Brechnußgewächse (Loganiaceae) gehört, aus deren Wurzeln und Rinden man das Pfeilgift gewann (Abb. 150). Dazu kamen in Südamerika noch *Chondrodendron*-Arten aus der Familie der Mondsamengewächse (Menispermaceae).

Die Verwendung vergifteter Pfeile in Südamerika ist schon seit langer Zeit bekannt, denn in einem Bericht aus dem Jahre 1516 heißt es:

«Die Indianer vergiften ihre Pfeile mit einem Pflanzensaft, der den Tod herbeiführt.»

Über die Zubereitung des Giftes wird in dem gleichen Bericht folgendes gesagt:

«Ich sagte bereits, daß die Indianer ihre Pfeile mit einem Saft tränken, den sie aus verschiedenen Pflanzen extrahieren. Aber es ist nicht jedermann gestattet, diese Mischung herzustellen, sondern nur auf diesem Gebiet erfahrenen, alten Frauen. Man schließt sie mit allem Notwendigen ein, und sie wachen zwei Tage lang, wenn sie das Gemisch zubereiten.»

Die Zubereitung selbst war offensichtlich recht einfach und wurde nur durch allerlei kultische und magische Handlungen umkleidet. Im wesentlichen wurden nur die zerkleinerten Wurzeln und Rindenstücke ausgekocht, der erhaltene Saft eingedampft und mit dem zähflüssigen Saft anderer Pflanzen gemischt, damit das Gift besser an den Pfeilen haftete.

Die Wirkungen des Pfeilgiftes, das allgemein als Kurare bezeichnet wird, riefen schon bald das Interesse der Wissenschaftler wach, die versuchten, diese Stoffe in der Heilkunde anzuwenden. Auch der bekannte französische Physiologe Claude Bernard (1813–1878) beschäftigte sich damit und schrieb 1864 in einer Arbeit:

«Wenn ein Säugetier oder ein Mensch mit Kurare vergiftet ist, ändern sich die geistigen Fähigkeiten, die Empfindlichkeit der Sinnesorgane und die Willenskraft unter der Einwirkung des Giftes nicht, aber die Bewegungsorgane gehorchen allmählich nicht mehr. Die ausdrucksvollsten Fähigkeiten schwinden zuerst, vor allem Stimme und Sprache, dann die Beweglichkeit der Extremitäten, der Gesichtsmuskulatur und des Brustkorbes und schließlich als letztes die Atembewegungen, die wie bei den Sterbenden bis zuletzt erhalten bleiben.»

Bereits von den Indianern wurde Kurare nicht nur als Pfeilgift, sondern auch zu medizinischen Zwecken genutzt, da sie damit Magenerkrankungen und Epilepsie heilten. Versuche zur Verwendung von Kurare bei Wundstarrkrampf wurden in Europa schon zu Beginn des 19. Jahrhunderts unternommen, sein Siegeszug in der Medizin begann aber erst in den vierziger Jahren unseres Jahrhunderts, als man über den Wirkungsmechanismus Genaueres wußte. Durch Unterbrechung der Erregungsübertragung von den Nerven auf die Muskeln in den motorischen Endplatten führt es zur Erschlaffung der Muskeln, die bei höheren Dosen sehr bald ihre Arbeit einstellen. Dadurch ist auch das medizinische Anwendungsgebiet gegeben. Kurare wird bei chirurgischen Eingriffen verabreicht, wenn es darauf ankommt, nicht nur die Schmerzempfindungen des Patienten auszuschalten, sondern auch seine Muskeln ruhigzustellen und zu entspannen. In der Regel genügen dazu recht geringe Mengen, und beim Umgang mit diesem starken Gift ist für den Arzt höchste Vorsicht geboten. Heute wird Kurare schon oft durch synthetisch gewonnene Stoffe gleicher oder ähnlicher chemischer Zusammensetzung ersetzt.

Ginseng zwischen Aberglauben und Realität

Als Wunderdroge, als nie versiegendes Lebenselexier, als Kraut der ewigen Jugend wird die Wurzel der Ginsengpflanze *(Panax schin-seng)* bezeichnet. Die Legende berichtet, der chinesische Denker Lao-Tse habe bereits vor 2300 Jahren die Heilpflanze vom langen Leben, den Jen-Shen, entdeckt. Eine andere Legende erzählt, daß der allgewaltige Berggeist den notleidenden Menschen einen Retter sandte, einen Knaben in der Gestalt einer menschenähnlichen Rübe, der Ginsengwurzel. Diese Wurzel genießt in Korea, China und Japan schon seit etwa 4000 Jahren höchstes Ansehen. In dem 52bändigen chinesischen Werk «Pentts'ao kang-mu» (Klassifikation von Wurzeln und Kräutern), das im Jahre 1597 erschien, sind die jahrtausendealten Erfahrungen mit dieser Wurzel erstmalig aufgezeichnet.

Danach hilft der Ginseng der Lunge, kräftigt die Milz, kühlt das Feuer, öffnet von selbst das Herz und vermehrt das Wissen, breitet den Geist aus und beruhigt den Schrecken, beseitigt Hitze und Durchfall, veranlaßt das Blut, die Adern zu durchfließen, beseitigt Kotverhärtungen und läßt gestauten Schleim abfließen. In gekochtem, breiigem Zustand eingenommen, kann der Ginseng die Lebenskraft zurückrufen, auch wenn sie kaum noch vorhanden war. Er regt also die «fünf Eingeweideorgane» an, verjüngt den Körper und verlängert das Leben.

Nach Europa kam die Ginsengwurzel 1610 durch die Holländer. Unter dem Namen Pentao wurde sie hier rasch bekannt und u. a. am Hofe Ludwigs XIV. als Aphrodisiakum verwendet.

Der Ginseng wächst wild im Ussurigebiet, in der Mandschurei und in Korea. Heute wird er auch in einigen Gebieten der Sowjetunion, Ostasien und Nordamerika kultiviert. Als schattenliebende Pflanze bevorzugt er die Nordhänge der tiefen Bergwälder. Da er schon seit sehr langen Zeiten gesammelt wird, sind die Wildbestände stark zurückgegangen, und man findet ihn heute nur noch an schwer zugänglichen Stellen.

Der Ginseng ist eine 30 bis 60 cm hohe Staude mit einer möhrenartigen gelblichen verästelten Wurzel, die manchmal wie ein Alraunmännchen aussieht. Am Stengel sitzen die eiförmigen fünfzählig gefingerten Blätter. Die Blüten sind weißlichgrün, und die Früchte nehmen im Herbst scharlachrote Farbe an.

Vor einiger Zeit wurde insbesondere von sowjetischen Wissenschaftlern der Ginseng auf seine Wirkstoffe untersucht. Dabei bestätigten sich die jahrtausendealten Vorstellungen von seiner Heilkraft, so daß man ihn heute tatsächlich zu den Heilpflanzen rechnen kann. Er wirkt vor allem bei Nervenschwäche, aber auch als Fiebermittel.

Ginsengpflanze *(Panax schin-seng)*

Mit einer ganzen Reihe von Pflanzen, die mit abergläubischen Vorstellungen verbunden sind, beschäftigen sich nicht nur die Botaniker, Pharmazeuten, Mediziner und Ethnologen, sondern auch Interpol und die Polizeiorgane aller Länder. Es handelt sich dabei um die Rauschgifte enthaltenden Pflanzen.

Daß bestimmte Pflanzen rauscherzeugende Bestandteile enthalten, ist schon seit langen Zeiten bekannt. Der altgriechische Geschichtsschreiber Herodot berichtete:

«Am Rande eines kleinen Wäldchens steht ein niedriges Bauwerk, halb Hütte, halb Zelt, mit Filzbehang an den Seiten. Die Menschen scheinen sich hier zu versammeln. Gebeugt treten sie durch den Eingang, der Priester zuletzt. Bald dringt aus den Ritzen weißer Rauch, laute Freudenrufe sind zu vernehmen. Die Zeremonie ist in vollem Gange. Treten wir ein. In der Mitte des Raumes steht ein Herd, der mit großen Steinplatten bedeckt ist. Er dient als Altar und wird mit Hanfkörnern bestreut, wenn die Platten glühend heiß sind. Berauschende Dämpfe steigen auf und wirken schnell auf die Gläubigen. Heiterkeit und ekstatische Freude ergreift alle: ein Beweis für die Anwesenheit und die Gunst der Götter. Sie waren zu ihrem tapferen Skythenvolk herabgestiegen.»

Wie vor mehr als zweitausend Jahren spielt die bei den Skythen verwendete Pflanze auch heute noch als Rauschgift eine bedeutende Rolle. Es handelt sich um den Indischen Hanf (Cannabis sativa oder indica), der als Rauschmittel Haschisch oder Marihuana genannt wird, um nur die häufigsten Namen zu nennen (Abb. 151). Auch der in orientalischen Märchen oft genannte Bhang ist nichts anderes als Haschisch. Als Faserpflanze ist der Hanf eine der ältesten Kulturpflanzen, und er wird heute in nahezu allen wärmeren Ländern angebaut. Er ist zweihäusig und erreicht bis zu 4 m Höhe. Durch verschiedene Behandlungsmethoden gewinnt man aus ihm die Fasern, die vor allem für grobe Gewebe und Seile genutzt werden. Die berauschenden Stoffe befinden sich bei einigen Sorten, vor allem bei den weiblichen Pflanzen, in kleinen Drüsen zwischen Oberhaut und Kutikula. Teilweise werden diese Drüsen abgestreift und so der Haschisch gewonnen. Häufiger verwendet man die getrockneten Blätter, die entweder allein oder mit Tabak gemischt geraucht werden. Früher wurde Haschisch aber auch in anderer Form, z. B. in Konfitüre, genossen.

Der Haschisch gaukelt dem Süchtigen nach dem Genuß die verschiedensten Bilder eines vermeintlichen «Paradieses» vor, führt aber wie alle anderen Rauschgifte zur Gewöhnung und schließlich zu schweren körperlichen und geistigen Schädigungen, die in einem allgemeinen Verfall zum Ausdruck kommen.

Ebenfalls seit dem Altertum bekannt ist das Opium, das aus dem Schlafmohn (Papaver somniferum) gewonnen wird, indem man die unreifen Kapseln anritzt und den geronnenen Milchsaft sammelt. Assyrer, Ägypter und Griechen haben es schon verwendet, und viele Ärzte verordneten es als einschläfernden Trank und zur Überwindung von Schmerzen. Diese Wirkung des Opiums, aus dem auch die weit wirkungsvolleren und gefährlicheren Rauschgifte Morphium und Heroin hergestellt werden, hat vor allem zu seiner weiten Verbreitung beigetragen. Lange Zeit hat es nur zu medizinischen Zwecken gedient, der Mißbrauch begann wahrscheinlich erst gegen Ende des 17. Jahrhunderts mit dem Opiumrauchen. Wirkungsweise und Folge sind ähnlich wie beim Haschisch.

Die Indianer Mittelamerikas kennen seit Jahrtausenden mehrere pflanzliche Rauscherzeuger, unter denen der Peyotl oder Peyote an erster Stelle steht (Abb. 152). Dieser kleine dunkel blaugrüne Kaktus von flachkugeliger Gestalt und mit einer rübenartigen Wurzel ist von Zentralmexiko bis Südtexas beheimatet. Je nach Alter hat die Pflanze fünf bis dreizehn flache Rippen, die durch Querfurchen in flache Warzen zerlegt sind. Gesandte des altspanischen Indienrates, Geistliche und Forschungsreisende, Reporter und Abenteuerschriftsteller, Chemiker und Mediziner, Behörden und Schmuggler haben sich mit diesem legendären Kaktus beschäftigt, über den dadurch eine umfangreiche Literatur existiert, in der Wahres und Phantastisches eine bunte Mischung bilden.

Bei den alten Völkern Mittelamerikas galt der Peyotl (Lophophora williamsii) als Gott. Der Rausch war damals bei den Indios etwas ganz Besonderes. Nur so wird uns heute die zentrale Stellung des Rauschkaktus im altmexikanischen Kakteengötterhimmel verständlich.

Über die Wirkungsweise des Peyotl berichtet der bekannte Kakteenspezialist Curt Backeberg in seinem Buch «Stachlige Wildnis» folgendes:

«Wenn man getrocknete Stücke ihres rübigen Körpers verzehrt, treten ganz eigenartige Sinnestäuschungen auf. Die Medizinmänner mögen sie ursprünglich ahnungslos als Mittel

gegen Krankheiten verabfolgt haben, wie irgendein anderes Kraut, von dem man sich Heilung versprach; als sie jedoch sahen, welche Wirkung die Droge auf den Menschen ausübte, stand es für sie fest, daß hier nur ein Gott tätig sein konnte. Er befähigte den ‹Mescalesser› zu unerhörter Ausdauer, er zauberte aus seiner Umgebung bei vollem Bewußtsein prächtige Farbenbilder und seltsame Melodien hervor, ließ ein überschäumendes Wohlbefinden in ihm ausquellen und überwältigende Gesichte erleben. Der Peyotl mußte der Gott der Scholle sein, denn er verkroch sich so tief in ihr, daß man ihn kaum sah. Man verlieh seiner Allgegenwart die Gestalt eines Hirsches, jagte ihn mit besonderen Bogen, ohne ihn zu verletzen, das heißt, man schoß Pfeile neben ihn in die Erde, in allen vier Himmelsrichtungen, als Symbol für das Versenken des Saatkorns in den fruchtbaren Schoß des Ackers, und erfand Lieder zu seinen Ehren. Als die Huitcholes aus der Gegend des heutigen Staates San Luis Potosi nach Nayarit wanderten, kehrte jährlich eine kleine Schar von ihnen, die Peyotleros, in die alte Heimat zurück, um mit allerlei Zeremonien den hundertfältigen Gott zu dem neuen Wohnsitz zu bringen, ihn, ‹der nicht so groß ist wie der Vater Sonne, ihm aber zur rechten Seite sitzt›. Dieser Brauch hat sich bis auf unsere Tage erhalten. Noch immer zieht eine Anzahl jener Indios gegen Jahresende auf viele Wochen in die Berge; und wenn sie um Dezemberanfang wieder in ihren Dörfern eintreffen, beginnt eines Abends das große Peyotlfest, mit Musik und Tanz, bis sich Männer und Frauen im Dunkel der Hütte zum Mescalinrausch zurückziehen.
So stark ist die Macht des Peyotl, daß er selbst den Widerstand der christlichen Priester überwand, ja sogar in die fremde Lehre Eingang fand. Er hat sich als der langlebigste der alten Kakteengötter erwiesen, denn er schlägt noch immer viele in seinen Bann.»

Das Besondere an diesem stachellosen Kaktus ist der Gehalt an mehreren Alkaloiden, von denen Meskalin und Anhalamin die wichtigsten sind. Sie führen zu euphorischen Rauschzuständen, verbunden mit Halluzinationen, Farbvisionen und Bewußtseinsstörungen. Größere Dosen rufen Lähmungen hervor und können sogar tödlich sein.
Über die Wirkungen des Peyotl gibt es zahlreiche Berichte von Schriftstellern und Ärzten. Eine der bekanntesten Beschreibungen stammt von dem englischen Arzt und Schriftsteller Ellies:

«Ich sah Schmuckstücke einzeln oder in dichten Gruppen und herrliche Teppiche. Bald strahlten sie in tausend Feuern, bald glänzten sie mit dunklem und prächtigem Schimmer.
Dann verwandelten sie sich vor meinen Augen in Blumen, in Schmetterlinge oder in schimmernde Flügel. In jedem Augenblick kamen völlig neue Erscheinungen in mein Gesichtsfeld. Bald sah ich dunkelglänzende Farben in lebhafter Bewegung, von denen eine besonders prächtige einen Augenblick auf mich zuzukommen schien, einmal waren sie feurig glänzend, dann schimmernd. Am häufigsten kamen Farbenkombinationen in dezenter Intensität mit glänzenden Punkten, wie Juwelen, vor.»

Neben seiner Anwendung als Herztonikum hat ein Inhaltsstoff des Peyotl, das Meskalin, in den letzten Jahren noch andere Bedeutung gewonnen. Die Visionen, die nach dem Genuß von Meskalin auftreten, ähneln in vielem den Vorstellungen bei bestimmten Geisteskranken. Das hat dazu geführt, daß man heute Meskalin und andere ähnlich wirkende Stoffe bei der Erforschung und bei der Behandlung von Geisteskrankheiten anwendet.
Damit schließt sich der Kreis wieder, der die Hexenkräuter, die Giftpflanzen und die Drogen umfaßt.

141 Gegen Blitzschlag sollte das Johanniskraut
(Hypericum perforatum) schützen

142 Das Alkaloid des Eisenhutes *(Aconitum napellus)*
war Bestandteil vieler Hexensalben

143 Der Wurzel der Alraune *(Mandragora vernalis)* wurden im Altertum Zauberkräfte zugemessen

144 Gift- und Heilpflanze zugleich ist das Mutterkorn *(Claviceps purpurea)*

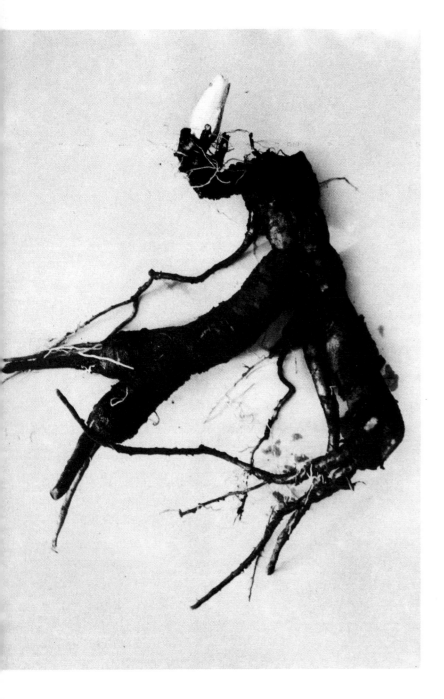

145 Auch heute noch wird die Kamille *(Matricaria chamomilla)* als Heilpflanze angewandt

146 Der Gefleckte Schierling *(Conium maculatum)* ist eine bekannte Giftpflanze

147 Die Pfingstrose
(Paeonia officinalis) ist nicht nur eine
Zierde vieler Gärten, ihre Samen dienten
früher auch als Heil- und Zauberpflanze

148 Die Knollen des
Salepknabenkrautes *(Orchis morio)*
galten lange Zeit als liebeswirksam

149 Wegen ihrer besonderen
Entwicklung wurden auch der

Herbstzeitlose *(Colchicum autumnale)*
besondere Kräfte zugeschrieben

Das steinerne Buch der Natur

In den bisherigen Abschnitten des Buches haben wir einen kleinen Einblick in die nahezu unüberschaubare Formenmannigfaltigkeit der heute lebenden Pflanzen erhalten. Bei der Betrachtung all der vielen Lebensformen, der unterschiedlichen Blüten und Früchte, der Bäume und Sträucher müssen wir uns aber immer vor Augen halten, daß sie das Ergebnis einer Jahrmillionen währenden Entwicklung sind, daß alle höheren Formen aus niederen hervorgingen.

Die Pflanzenwelt früherer Erdperioden zu erforschen ist ein interessantes, aber auch kompliziertes Tätigkeitsfeld, auf dem ein eigener Wissenschaftszweig, die Paläobotanik, arbeitet. Als wichtigstes Material dienen die überlieferten Reste und Spuren vorzeitlicher Pflanzen, die sogenannten pflanzlichen Fossilien. Sie liegen als Abdrücke und Steinkerne, als kohlige Reste oder echte Versteinerungen, als Bernsteineinschlüsse, Sporen oder Blütenstaubkörnchen vor.

Bereits vor 2500 Jahren haben die griechischen Philosophen Xenophanes und Theophrast solche fossilen Pflanzenreste beschrieben. Auch dem Maler Leonardo da Vinci (1452–1519) und dem Begründer der wissenschaftlichen Mineralogie und Bergbaukunde Georgius Agricola (1494–1555) waren sie bekannt, wie aus einigen Veröffentlichungen und Abbildungen hervorgeht. Das erste umfassendere paläobotanische Werk erschien aber erst 1709 und wurde von seinem Autor, Johann Jakob Scheuchzer, «Herbarium dilivianum» (Herbarium der Sintflut) genannt, weil die Gelehrten zur damaligen Zeit der Meinung waren, die Fossilien seien Reste von Pflanzen und Tieren, die vor der biblischen Sintflut gelebt haben und bei dieser umgekommen seien.

Gegen Ende des 18. Jahrhunderts begann dann die wissenschaftliche Bearbeitung des fossilen Materials, die eng mit dem Namen Ernst Friedrich von Schlotheim (1764–1832) verbunden ist, der 1804 sein Buch «Beschreibung merkwürdiger Kräuter-Abdrücke und Pflanzenversteinerungen — Ein Beitrag zur Flora der Vorwelt» und 1820 das Standardwerk «Die Petrefaktenkunde auf ihrem jetzigen Standpunkt» veröffentlichte.

Einen bedeutsamen Aufschwung nahm die paläobotanische Forschung in der zweiten Hälfte des vorigen Jahrhunderts, als sich die durch Charles Darwin (1809–1882) wissenschaftlich begründete Abstammungslehre durchzusetzen begann. Heute verdanken wir der Paläobotanik ein klares Bild über die Entwicklung der Pflanzenwelt und die Flora der einzelnen erdgeschichtlichen Perioden.

Von den ältesten Lebewesen und damit auch von den ältesten Pflanzen auf der Erde ist uns nur wenig bekannt. Sie waren zu zart und unbeständig, um bleibende Spuren im Gestein hinterlassen zu können. Dennoch kennt man heute bakterienähnliche Fossilien, die in den Gesteinen der Fig-Tree-Serie in Südafrika gefunden wurden und das beträchtliche Alter von 3,1 Milliarden Jahren haben. Auch der Bulawayo-Kalkstein in Südrhodesien und die Soudan-Iron-Formation in Minnesota, die beide 2,7 Milliarden Jahre alt sind, enthalten biologisches Material. Sichere Pflanzenreste sind die Algenkalke vom Oberen See (Ontario), deren Alter mit 1,9 Milliarden Jahren angegeben wird. Alle diese Formen können uns aber nur einen etwaigen Einblick geben, wann bestimmte größere Pflanzengruppen aufgetreten sind, für genauere Untersuchungen sind sie zu schlecht erhalten.

Anders ist es bei den ersten Landpflanzen, die vor rund 400 Millionen Jahren erschienen, und zwar nicht nur an einer Stelle auf der Erde, sondern gleichzeitig an mehreren. Ihre Reste sind aus Europa, Nordamerika, Australien und von einigen anderen Gegenden bekannt. Es handelt sich bei ihnen um die sogenannten Nacktpflanzen oder Psilophyten, kleine blattlose oder nur von Schuppen bedeckte Pflänzchen, die sich durch Sporen vermehrten. Wahrscheinlich wuchsen sie an den Rändern von Sümpfen und hatten so noch enge Beziehungen zum Wasser. Wurzeln besaßen sie noch nicht, und die Verzweigung war einfach gabelig. Diese Pflanzen lebten in den geologischen Perioden, die von den Wissenschaftlern als Ordovizium, Gotlandium und Unterdevon bezeichnet werden.

Vom Oberdevon bis zum unteren Perm, dem Rotliegenden, erstreckt sich das Zeitalter der Sporenpflanzen, aus dem uns zahlreiche Pflanzenreste überliefert wurden, so daß wir heute ein ziemlich klares Bild von der damaligen Vegetation haben. Am deutlichsten wird dieser Reichtum an Pflanzen im oberen Karbon, der sogenannten Steinkohlenzeit, handelt es sich doch bei den karbonischen Steinkohlen wie bei allen Kohlen um die Reste fossiler Pflanzen. Nicht ohne Grund spricht man von Steinkohlenwäldern, die sich aber von unseren heutigen Wäldern in einigen wesentlichen Merkmalen unterschieden, denn sie bestanden hauptsächlich aus bärlappartigen, schachtelhalmartigen und farnartigen Gewächsen, während die Samenpflanzen nur durch einige Nacktsamer vertreten waren und die Bedecktsamer noch völlig fehlten.

Einige Vertreter der Steinkohlenflora wollen wir jetzt betrachten und mit ihren heute lebenden Verwandten vergleichen.

Die bekanntesten Bärlappgewächse der Steinkohlenzeit waren die Schuppenbäume *(Lepidodendron)* und die Siegelbäume *(Sigillaria)*, die 20 bis 30 m hoch aufragten und einen Stammdurchmesser bis zu 2 m erreichten. Die eigenartige Struktur der Stämme, auf die die Namen zurückzuführen sind, entstand durch die Narben der abgefallenen Blätter, die bis zu 1 m lang werden konnten. Im Boden waren die Bäume durch einen flachen Wurzelstock verankert, was auf einen sumpfigen Lebensraum schließen läßt. Die Sporen bildeten sich in Zapfen, die bei den Schuppenbäumen an den äußersten Zweigenden oder an besonderen kurzen Ästen standen und bei den Siegelbäumen direkt am Stamm saßen. Hier haben wir wieder die Erscheinung der Kauliflorie, die wir auch bei heute lebenden Bäumen in tropischen Wäldern finden (s. S. 11).

Die heute vorkommenden Bärlappe haben sich seit dieser Zeit kaum weiterentwickelt. Sie sind nur beträchtlich kleiner und spielen in der Vegetation eine völlig untergeordnete Rolle als unscheinbare immergrüne krautige Pflanzen mit gabelig verzweigten Sprossen und kleinen schuppen- oder nadelförmigen Blättern. Die Sporen werden meist in speziellen Sporophyllständen gebildet.

Bei der Tannenteufelsklaue *(Huperzia selago)* sehen die Sporophylle wie die Triebe der Laubblätter aus (Abb. 153). Diese Bärlappart ist die entwicklungsgeschichtlich primitivste von den heute lebenden. Sie wächst in feuchten schattigen Wäldern und kommt sehr zerstreut in den gemäßigten Zonen der Nord- und Südhalbkugel vor, fehlt aber an vielen Stellen, besonders in der Ebene. Im Hochgebirge steigt sie bis 3400 m und dringt auch in die Arktis vor. Die aufrechten Stengel werden 5 bis 30 cm hoch. Wegen ihrer Seltenheit steht die Tannenteufelsklaue in vielen Ländern unter Naturschutz.

Die schachtelhalmartigen Pflanzen waren in den Steinkohlenwäldern ebenso stark vertreten wie die bärlappartigen. Eine bedeutsame Rolle spielten dabei die Calamiten, 20 bis 30 m hohe Bäume mit 1 m dicken Stämmen, die aus weitstreichenden Rhizomen entsprangen und ein bemerkenswertes Dickenwachstum aufwiesen. Die Blätter saßen in Wirteln an den ebenfalls wirtelig angeordneten Seitenzweigen. Die Sporophylle bildeten Ähren an den oberen Knoten, so daß wir hier ebenfalls Kauliflorie vor uns haben. Da die Calamiten innen hohle Stämme besaßen, sind von ihnen zahlreich die sogenannten Marksteinkerne erhalten geblieben, Ausfüllungen der inneren Markhöhle. Abdrücke dagegen gibt es von kleinen krautigen und lianenartigen Schachtelhalmgewächsen aus dieser Zeit, was auf eine große Formenmannigfaltigkeit der Gruppe während der Steinkohlenzeit schließen läßt.

Von der einst so reich entwickelten Pflanzengruppe existieren heute nur noch etwa 30 Arten, die alle zur Gattung Schachtelhalm *(Equisetum)* gehören und den ausgestorbenen im allgemeinen Aufbau noch weitgehend ähneln. Es sind ausdauernde krautige Pflanzen mit kriechenden Rhizomen, allerdings wesentlich kleiner als ihre ausgestorbenen Verwandten. Einige Arten sind auch nur sommergrün und haben knollige Rhizome. Die Sprosse sind deutlich in Knoten und Internodien gegliedert. Die meist schuppenförmigen Blätter stehen in Quirlen, sind an der Basis miteinander verwachsen und umschließen den Stengel als Scheide. Im Gegensatz zu den Calamiten stehen die zapfenartigen Sporophyllstände am Ende der Stengel. Interessant ist das schnelle Wachstum der Sprosse im Frühjahr. Sie werden bereits in der vorangegangenen Vegetationsperiode angelegt und strekken sich im Frühjahr nur noch.

Die größten rezenten, d. h. heute noch lebenden Schachtelhalme *(Equisetum giganteum)* sind fast noch baumartig wie ihre Vorfahren. Sie werden bis 10 m hoch und wachsen im tropischen Südamerika. In Europa und Nordamerika ist der Riesenschachtelhalm *(Equisetum telmateja)* die stattlichste Form (Abb. 154). Die vegetativen Sprosse erreichen 2 m Höhe, werden aber nur 10 bis 15 mm dick. Die Pflanze wächst auf sickerfeuchten, frischen und kalkhaltigen Böden. Ebenfalls aus dem Devon sind die ersten Farnpflanzen bekannt, und während der Steinkohlenzeit wiesen sie eine große Formenmannigfaltigkeit auf. Viele dieser Formen starben aber am Ende des Erdaltertums, im Perm, wieder aus. In den folgenden Erdzeitabschnitten entfalteten sich dann wieder neue Gruppen. Heute existieren noch rund 12 000 Farnarten, die zwar über die gesamte Erde verbreitet sind, ihren Schwerpunkt aber in den tropischen Zonen haben, wo auch baumartige Formen vorkommen (Abb. 157).

Baumartige Farne bestimmten neben Bärlapp- und Schachtelhalmgewächsen auch das Gesicht der Steinkohlenwälder. Während die Bärlappgewächse aber Rindenstämme und die Schachtelhalmartigen Röhrenstämme besaßen, entwickelten die Farne Blattwurzelstämme. Dadurch war eine bessere Wasserversorgung der Pflanzen gewährleistet. Gleichzeitig damit entstanden bei den Farnen auch erstmalig gefiederte und großflächige Blätter, wodurch diese Pflanzen den anderen bei der Aufnahme des Kohlendioxids der Luft und der Ausnutzung des Lichtes überlegen waren.

Innerhalb der Farne bilden die Rispenfarne eine relativ isolierte Gruppe. Sie wurden bereits im Oberkarbon festgestellt, hatten den Höhepunkt ihrer Entwicklung im Jura und sind heute noch durch ungefähr 20 Arten auf der ganzen Erde vertreten.

Zu ihnen gehört der stattlichste Farn Europas, der Königsfarn *(Osmunda regalis)*, der mit seinen bis 2 m hohen Wedeln große Büsche bildet (Abb. 155). Er wächst in Gräben, Gebüschen und Wäldern, insbesondere auf staunassen, kalkarmen und moorigen Böden. Er ist im westlichen Europa bis Nordafrika, im atlantischen Nordamerika, im atlantischen mittleren Südamerika, in Südafrika, Südwestindien und Ostasien zu finden. Während er in Mitteleuropa in den Hochgebirgen fehlt, existiert er in Nordafrika und Nordamerika in Höhen bis zu 2000 m. Stellenweise ist er sehr selten und genießt in einigen Ländern Naturschutz.

Die trichterartig stehenden Wedel mit den sommergrünen, doppelt gefiederten Blättchen sind sehr dekorativ. Die inneren Wedel eines Trichters tragen zur Spitze hin fertile Blattabschnitte und oben reine Sporophylle, die sich in einer reich verzweigten Rispe befinden. Sie sind zunächst grün und werden später braun. Die Rhizome werden wegen ihrer lockeren Beschaffenheit und langen Haltbarkeit in der Blumengärtnerei als Kultursubstrat für Epiphyten — insbesondere für tropische und subtropische Orchideen — verwendet. Dadurch sind infolge von Raubbau viele ehemalige Standorte erloschen.

Im Oberkarbon traten auch die ersten Samenpflanzen auf. Dieser Wandel in der Entwicklung der Pflanzenwelt wurde durch Klimaveränderungen notwendig. Wegen der Verschärfung der Klimaunterschiede und der Jahreszeitengegensätze sowie des Austrocknens weiter Niederungsgebiete mußte die Art der Fortpflanzung bei den Pflanzen grundsätzlich anders werden, mußten neue Anpassungen erfolgen. Die bisherigen Pflanzen waren Sporenpflanzen mit einem Generationswechsel, der ohne Wasser nicht vor sich gehen konnte, weil sich die männlichen Keimzellen durch das Wasser zu den weiblichen bewegten. Die neuen Samenpflanzen verlegten dagegen den Befruchtungsvorgang in die Pflanze selbst und waren dadurch bei der Befruchtung vom Außenwasser unabhängig geworden. Mit den gebildeten Samen gewannen die Pflanzen auch ein neues Verbreitungsmittel von großer Bedeutung.

Diese neue Fortpflanzungsmethode deutet bereits den Übergang zum Mittelalter der pflanzlichen Entwicklung (Mesophytikum) an, das sich vom oberen Perm bis in die Kreidezeit erstreckte. Die vorherrschende Gruppe waren während dieser Zeit die Nacktsamer (Gymnospermen), zu denen u. a. die Palmfarne, die Ginkgogewächse und die große Gruppe der Nadelgehölze oder Koniferen gehören. Eine sehr interessante Pflanzengruppe, die ebenfalls zu den Nacktsamern gehört, sind die Samenfarne, die farnähnliche Blätter haben, aber nach dem Aufbau des Holzes und der Fortpflanzungsweise echte Samenpflanzen waren. Wir müssen «waren» sagen, da diese Pflanzen schon vor Jahrmillionen ausgestorben sind. Sie traten wahrscheinlich im Oberdavon erstmals auf und hatten ihre letzten Vertreter im Jura. Besonders reich waren sie im Karbon und im Rotliegenden entfaltet (Abb. 156).

Äußerlich ähnelten die Samenfarne wahrscheinlich den Angehörigen einer heute noch lebenden, aber ebenfalls recht altertümlichen Pflanzengruppe, den Palmfarnen oder Cycadeen, von denen jetzt noch rund 100 Arten aus 10 Gattungen existieren. Den Höhepunkt ihrer Entwicklung hatten sie im Erdmittelalter, aus dem zahlreiche fossile Reste von ihnen überliefert sind. Wie der Name Palmfarne sagt, erinnern sie in ihrer äußeren Gestalt an einige Palmenarten (Abb. 159, 160). Der kräftige, meist unverzweigte verholzende Stamm erreicht 2 bis 15 m Höhe und ist von den Narben der abgefallenen Blätter bedeckt. Oben trägt er einen Schopf aus großen, schraubig gestellten, doppelt oder einfach gefiederten farnwedelähnlichen Laubblättern. Die Pflanzen sind zweihäusig, sie bilden Zapfen von unterschiedlicher Größe, die spiralig am Ende der Stammachse stehen (Abb. 161). Die Bestäubung erfolgt durch den Wind, seltener durch Käfer. Das Besondere an den Palmfarnen sind die Wurzeln. An einer starken Pfahlwurzel, die weit in den Boden reicht, entstehen normale Seitenwurzeln, aber dicht unter der Erdoberfläche gabelig verzweigte Seitenwurzeln, die nicht nach unten, sondern zur Erdoberfläche wachsen und teilweise in die Luft ragen. In diesen Wurzeln leben Algen, die den Stickstoff der Luft binden und die Pflanze damit zusätzlich versorgen. Verbreitet sind die Cycadeen in nahezu allen wärmeren Gebieten.

Wie die Palmfarne sind die Ginkgogewächse eine eigene isolierte Gruppe unter den Nacktsamern, die ihre Hauptentfaltung während der Jura- bis zur unteren Kreidezeit hatte.

Der einzige noch lebende Vertreter dieser damals sehr formenreichen, weltweit verbreiteten Pflanzengruppe ist der Ginkgobaum (Ginkgo biloba), der gegenwärtig nur noch in einem kleinen Reliktareal in Ostasien existiert (Abb. 158). Im Tien-Mu-Shan-Gebirge im südöstlichen China befinden sich die letzten Wildvorkommen dieser entwicklungsgeschichtlich wertvollen Pflanze. In Parks und Gartenanlagen ist er aber heute wieder auf der ganzen Erde verbreitet, seit 1730 in Europa und seit 1784 in Amerika.

Der Ginkgobaum ist wahrscheinlich eine der ältesten noch lebenden Pflanzenarten. Deshalb wurde er bereits von Darwin als «lebendes Fossil» bezeichnet. Der stark verzweigte sommergrüne Baum wird bis 30 m hoch und trägt Lang- und Kurztriebe. An den Kurztrieben der weit ausladenden Zweige stehen die typischen zweilappigen Blätter mit streng gabelig-fächerig verzweigten Nerven. Im Herbst färben sich die Blätter goldgelb. Die zweihäusigen Blüten entwickeln sich in den Achseln von Tragblättern. Bestäubung und Befruchtung sind noch recht primitiv.

Goethe, vor dessen Jenaer Wohnung ein Ginkgobaum stand, sah im Ginkgoblatt die pflanzliche Verkörperung des menschlichen Zwiespaltes.

In seinem «West-östlichen Diwan» schrieb er das folgende Gedicht:

Dieses Baumes Blatt, der von Osten
Meinem Garten anvertraut,
Gibt geheimen Sinn zu kosten,
Wie's den Wissenden erbaut.

158

Ist es ein lebendig Wesen,
Das sich in sich selbst getrennt?
Sind es zwei, die sich erlesen,
Daß man sie als eines kennt?

Solche Frage zu erwidern,
Fand ich wohl den rechten Sinn:
Fühlst Du nicht an meinen Liedern,
Daß ich eins und doppelt bin?

Die wichtigsten Nacktsamer sind die Nadelgehölze oder Koniferen, die bereits im Oberkarbon vorkamen und in der heutigen Flora und Vegetation noch eine bedeutende Rolle spielen. Die ersten Koniferen waren kleine Bäume, die außerhalb der Moore wuchsen, aber bald entwickelten sich größere Formen, und aus dem Rotliegenden der Umgebung von Karl-Marx-Stadt sind fossile Stämme erhalten geblieben, die bis zu 20 m hoch waren. Als ein einzigartiges Naturdenkmal sind einige der schönsten und größten Stämme davon als sogenannter «Versteinerter Wald» heute noch vor dem Naturkundemuseum in Karl-Marx-Stadt zu bewundern (Abb. 163). Da es sich bei diesen Stämmen um echte Versteinerungen handelt, sind auch die Einzelheiten des inneren Aufbaus bis zu den Zellen in Anschliffen oder Dünnschliffen genau erkennbar. Neben den Koniferenstämmen wurden bei Karl-Marx-Stadt auch versteinerte Stammreste von Farnen, Samenfarnen und Schachtelhalmgewächsen gefunden. In der unteren Trias von Arizona fand man ebenfalls versteinerte Hölzer. Die größten Bruchstücke haben einen Durchmesser von 1 m und sind 2,40 m lang; sie haben ein Alter von etwa 180 Millionen Jahren. Das Fundgebiet steht unter Naturschutz. Aus dem Tertiär stammen die «versteinerten Wälder» bei Kairo und in Patagonien; sie sind also ca. 30 Millionen Jahre alt.
Durch andere Funde von Blättern und Zapfen kann man sich heute auch ein etwaiges Bild von diesen Bäumen machen. Wahrscheinlich haben sie äußerlich, aber nur äußerlich, den Zimmertannen (Araucaria) ähnlich gesehen.
Seit der Jurazeit sind auch einige andere Gruppen der Nadelhölzer häufiger vertreten, darunter die Araukarien, die Sumpfzypressen, die Mammutbäume und die Schirmtannen.
Wie der Ginkgobaum wird die Schirmtanne (Sciadopitys verticillata) zu den ältesten noch lebenden Pflanzenarten gerechnet (Abb. 162). Im mittleren Tertiär, der Braunkohlenzeit, kam die Pflanze so häufig vor, daß ihre typischen Doppelnadeln an

manchen Stellen eine eigene Kohleschicht bildeten – die sogenannte Graskohle. Fundorte dieser Graskohle liegen beispielsweise in der Lausitz und im Rheinland. Die heutige Verbreitung der Art erstreckt sich nur im südlichen Japan auf temperierte Gebiete in Höhenlagen zwischen 300 und 1500 m. Der stattliche Baum mit schmaler pyramidenförmiger Krone wird bis zu 40 m hoch. An der Spitze der kurzen Jahrestriebe stehen die charakteristischen schirmartig verwachsenen, glänzend-grünen Doppelnadeln, die in der Mitte tief gefurcht sind. Da das Holz in Japan vielfach zum Bau von Häusern verwendet wird, ist die Gesamtzahl der Bäume stark zurückgegangen. Obwohl die Schirmtanne als schöner Nadelbaum in vielen Parks kultiviert anzutreffen ist, besteht große Gefahr, daß sie wildwachsend ausgerottet wird.

Rekonstruktion eines Schuppenbaumes (Lepidodendron)

Wohl einmalig in der Geschichte der Botanik ist die Entdeckung des Urweltmammutbaumes *(Metasequoia glyptostroboides)*, der vor rund 30 Jahren zuerst fossil und kurze Zeit später auch noch lebend gefunden wurde (Abb. 164). Es war im Jahre 1941, als der japanische Botaniker Miki beim Studium fossiler Nadelholzzweige und -zapfen aus dem Jungtertiär von Honshu in Japan feststellte, daß einige Exemplare gegenständige Blätter und langgestielte Zapfen hatten und nicht wie die anderen Nadelgehölze wechselständige Blätter und kurzgestielte Zapfen. Das veranlaßte ihn, daraus eine neue Gattung zu bilden, die er *Metasequoia* nannte. Seit dieser Zeit wurde fossiles Material der Gattung *Metasequoia* auch von anderen Fundorten und Fundschichten beschrieben, so daß wir heute wissen, daß sie bereits in der oberen Kreide wuchs und außer in Ostasien auch in Nordamerika, Nordsibirien und auf Grönland vorkam. Im Winter 1941/42 fand T. Kan von der Universität Nanking bei einer Reise in die chinesischen Provinzen Westhupeh und Ostszechuan bei dem Dorf Mo-tao-chi einen bis dahin unbekannten nadelabwerfenden Baum, den die Bevölkerung «shuihsa» (Wasserlärche) nannte. Da kein Material gesammelt wurde, konnte die Pflanze nicht näher bestimmt werden. Im Sommer 1944 reiste T. Wang vom Zentralbüro für forstliche Forschung in Nanking in die gleiche Gegend und sammelte Zweige sowie Zapfen dieser Baumart, die zunächst für eine neue Art der Gattung *Glyptostrobus*, der Wasserfichten, die ebenfalls in Ostasien wachsen, gehalten wurde. Im Jahre 1946 kam eine weitere Expedition in das schwer zugängliche Gebiet und zählte insgesamt nur noch 25 Exemplare dieser neuen und interessanten Pflanze. Einen Teil des von ihr gesammelten umfangreicheren Herbarmaterials erhielt der damalige Direktor des Arnold Arboretums der Harvard-Universität (USA), der die große Bedeutung des Fundes erkannte und weitere Exkursionen zum Sammeln von Samen anregte und organisierte. So konnte festgestellt werden, daß auf einer Fläche von etwa 800 Quadratkilometern rund 1000 Bäume verschiedener Altersstufen an Hängen, in Schluchten sowie an Bächen und Reisfeldern in einer Höhe von 700 bis 1500 m wuchsen. Heute weiß man, daß der Bestand noch wesentlich größer ist.

Auf den Exkursionen wurden größere Mengen keimfähiger Samen gesammelt und an botanische Gärten und Arboreten in vielen Ländern geschickt. Im Jahre 1948 beschrieben die Botaniker H. H. Hu und W. C. Cheng die Pflanze als *Metasequoia glyptostroboides.*

Der Urweltmammutbaum wird bis 50 m hoch und kann einen Stammdurchmesser von über 2 m erreichen. Die Pflanze wächst sehr schnell und erinnert im Aufbau an die Sumpfzypresse *(Taxodium)* und an die Mammutbäume *(Sequoia, Sequoiadendron)* aus Nordamerika, die wir in diesem Buch schon kennengelernt haben bzw. noch kennenlernen werden. Die sommergrünen Nadeln werden mit den Kurztrieben im Herbst abgeworfen. Die langgestielten weiblichen Zapfen sind kugelig bis zylindrisch.

Versuche haben gezeigt, daß der Urweltmammutbaum eine außerordentlich große und schnelle Wuchsleistung bringt. So werden 25jährige Bäume bei einem Stammdurchmesser von 30 bis 40 cm 18 m hoch. Im Vergleich damit schafft eine Douglasie *(Pseudotsuga menziesii)* diese Holzleistung erst in 30 Jahren, eine Fichte *(Picea abies)* in 50 Jahren, eine Rotbuche *(Fagus sylvatica)* in 60 Jahren und eine Tanne *(Abies alba)* in 70 Jahren. Neben dieser Wuchsleistung zeichnet sich der Urweltmammutbaum noch durch hohe Industriehärte, geringe Brandgefahr und andere wertvolle Eigenschaften aus, so daß in vielen Ländern schon seit einiger Zeit Versuche unternommen werden, ihn forstlich zu nutzen.

Bei der Schirmtanne *(Sciadopitys)* und dem Urweltmammutbaum *(Metasequoia)* hatten wir festgestellt, daß ihr Verbreitungsgebiet im Tertiär wesentlich größer war als heute. Dabei handelt es sich keineswegs um Einzelfälle. So kamen z. B. während des Tertiärs zahlreiche Pflanzen in Mitteleuropa vor, die heute nur noch in Nordamerika oder Ostasien zu finden sind. Dazu gehören unter anderem der Ginkgobaum *(Ginkgo)*, die Sumpfzypresse *(Taxodium)*, die Mammutbäume *(Sequoia* und *Sequoiadendron)*, der Lebensbaum *(Thuja)*, die Wasserfichte *(Glyptostrobus)*, die Weymouthskiefer *(Pinus strobus)* und noch eine ganze Reihe anderer Koniferen. Diese Erscheinung ist aber nicht auf die Nadelhölzer beschränkt, sondern sie findet sich auch bei den bedecktsamigen Pflanzen und hängt mit unterschiedlichen Auswirkungen der Eiszeit zusammen.

Die großen Gebirgszüge verlaufen in Nordamerika und Ostasien in nordsüdlicher Richtung. Dadurch bildeten sie bei der Vereisung nicht wie die europäischen Gebirge ein Hindernis, und die Pflanzen konnten nach Süden ausweichen und später wieder in das Gebiet einwandern. In Europa wurde dagegen der überwiegende Teil der tertiären Flora vernichtet.

Die große Wandlung

Eine der größten Wandlungen in der Entwicklungsgeschichte der Pflanzenwelt erfolgte am Ende der unteren Kreide vor rund 135 Millionen Jahren. Die nacktsamigen Pflanzen traten zurück, und die Bedecktsamer oder Angiospermen wurden zur vorherrschenden Pflanzengruppe. Damit begann die Neuzeit der Pflanzenwelt. In der kurzen Zeit von «nur» 60 Millionen Jahren bis zum Tertiär bildeten sich zahlreiche völlig neue Familien und Gattungen mit hunderttausend Arten. Von den Nacktsamern konnten sich nur einige hundert Arten bis in die Gegenwart retten.

Während dieser Zeit erfolgte jene große Wandlung, die die heutigen Hochgebirge und die jetzigen Tiefseebecken schuf. In diesen Jahrmillionen wurden Erdbild, Kontinente und Meere, wurden Relief und Klimaverteilung verändert, verschärften sich die Klima- und Jahreszeitengegensätze. An ihrem Ende stand eine große Vereisung, die gegenwartsnahe diluviale Eiszeit, die erst vor einigen Jahrtausenden zu Ende ging.

Die bedecktsamigen Pflanzen prägen heute in fast allen Zonen das Bild der Vegetation. Unter ihnen finden wir Bäume, Sträucher und Kräuter. Nahezu alle Kulturpflanzen gehören zu ihnen. Gegenüber allen anderen Pflanzengruppen sind sie am besten den heute bestehenden Umweltverhältnissen angepaßt. Der wesentlichste Fortschritt zeigt sich bei der geschlechtlichen Fortpflanzung. Ihre Samenanlagen sind immer in einem Fruchtknoten eingeschlossen, der von den Fruchtblättern gebildet wird und aus dem sich allein oder zusammen mit anderen Blütenteilen nach der Befruchtung die Frucht bildet. Überwiegend, zumindest bei den ursprünglicheren Formen, sind die Blüten zwittrig, besitzen also Samenanlagen und Staubblätter. Durch diese und andere Entwicklungen ist bei ihnen eine wesentliche Beschleunigung der geschlechtlichen Fortpflanzung möglich. Das ist aber nicht der einzige Vorteil der Bedecktsamer. Auch im System der Wasserleitung, im Aufbau der Blätter und auf weiteren Gebieten sind sie den anderen Pflanzen überlegen.

Über die Herkunft der Bedecktsamer herrschen noch viele Unklarheiten, da bis heute keine eindeutigen Übergangsformen von den Nacktsamern gefunden worden sind. Die meisten Wissenschaftler nehmen jedoch an, daß die Vorfahren der Bedecktsamer den Samenfarnen ähnliche Pflanzen waren.

Von den heute lebenden Angiospermen haben die Magnoliengewächse die meisten ursprünglichen Merkmale (Abb. 165, 166). Eines der wichtigsten davon ist der spiralige Aufbau ihrer Blüte, in der auch die Zahl der einzelnen Teile meistens groß und unbestimmt ist. Die Staub- und Fruchtblätter stehen noch spiralig um die gestreckte Achse, während sie bei den höher entwickelten in geringer und konstanter Zahl in Kreisen angeordnet sind und die Achse gestaucht ist. Bei den Magnolien ist auch die kräftig ausgebildete Blütenhülle noch nicht in Kelch und Krone gegliedert (Abb. 167).

Wie viele andere Pflanzen wuchsen die Magnolien während der Kreidezeit und im Tertiär auf der gesamten Nordhalbkugel. Gegenwärtige Areale befinden sich nur noch in Ostasien und in Nordamerika. Interessant ist, daß die ostasiatischen Magnolien im Frühjahr vor der Blattentwicklung, die nordamerikanischen Arten dagegen erst nach der Blattbildung im Sommer blühen.

153 Der primitivste heute noch lebende
Bärlapp ist die Tannenteufelsklaue
(Huperzia selago)

154 Die vegetativen Sprosse des Riesen-
schachtelhalms *(Equisetum telmateja)*
werden bis zu 2 m hoch

155 Königsfarn *(Osmunda regalis)*

156 Abdruck eines Farnsamers *(Neuropteris)* aus der Steinkohlenzeit

157 Baumfarne gedeihen heute noch in den tropischen Regenwäldern

158 Der Ginkgobaum *(Ginkgo biloba)* ist die wahrscheinlich älteste noch vorkommende Pflanzenart

159 Zu den Palmfarnen gehört *Encephalartos transvenosus* aus Südafrika

160 In nur wenigen Exemplaren kommt der Palmfarn *Microcycas calocoma* in den Bergen des westlichen Kuba vor

161 Weiblicher Blütenstand von *Encephalartos caffer*   165
162 Triebstück von der Schirmtanne *(Sciadopitys verticillata)*
163 Ein nahezu einzigartiges Naturdenkmal ist
der «Versteinerte Wald» von Karl-Marx-Stadt

164 Triebstück des Urweltmammutbaumes
(Metasequoia glyptostroboides)

165/166 Blüte und Frucht
charakterisieren die Magnolie
(Magnolia grandiflora) als primitiven
Vertreter der Bedecktsamer

167 Sternmagnolie *(Magnolia stellata)*

Riesenwachstum bei anderen Pflanzen

Von Riesen, Greisen und anderen Seltsamkeiten

Tausendjährige Pflanzen

Merkwürdige Formen, seltene Pflanzen

In den bisherigen Kapiteln des Buches haben wir manche seltsame Pflanze kennengelernt, sei es bei den verschiedenartigen
Vegetationsformen, bei den oft bizarren Blüten, den Spezialisten
im Pflanzenreich, den Zauberpflanzen oder den Fossilien. Immer
aber lagen diese Formen im Bereich des Gewohnten, überschritten sie nur selten die Vorstellungen, die wir im allgemeinen vom
Bild einer Pflanze haben.
Und doch gibt es auch Pflanzen, die diesen Bereich überschreiten, manche in der Größe, manche im Alter und manche auch in
den entwickelten Formen.

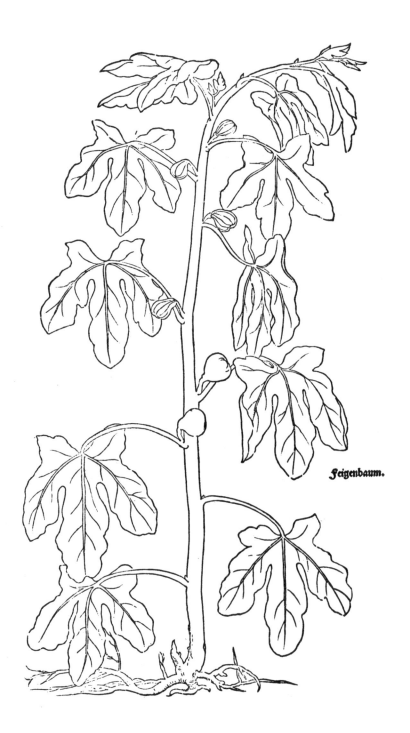

Feigenbaum.

Wenn von großen Pflanzen die Rede ist, denkt man meist zuerst an die Bäume. Das ist auch richtig, denn unter ihnen sind die größten Pflanzenformen zu suchen. Allerdings weniger unter den Bäumen Europas, obwohl es auch hier bereits gigantische Baumveteranen gibt. So erreicht die Weißtanne *(Abies alba)* beispielsweise eine Maximalhöhe von 75 m und die Gemeine Fichte *(Picea abies)* von 60 m. Die Stieleiche *(Quercus robur)* und die Waldkiefer *(Pinus sylvestris)* können 50 m hoch werden. Bei diesen Zahlen muß man allerdings berücksichtigen, daß es sich um Maximalhöhen handelt, die nur in Einzelfällen erreicht werden. Meistens bleiben die Bäume wesentlich kleiner.

Aber auch unter Berücksichtigung der Maximalhöhen sind die europäischen Baumarten noch relativ klein, wenn wir sie mit den Baumriesen anderer Länder vergleichen.

Zu den eindrucksvollsten und berühmtesten Bäumen der Erde zählen die Mammutbäume Nordamerikas, die über 100 m hoch werden und dabei einen Stammdurchmesser von 12 bis 15 m erreichen.

Bei den Mammutbäumen unterscheiden wir zwei Arten. Der Riesenmammutbaum *(Sequoiadendron giganteum)* wächst in der Sierra Nevada in Mittelkalifornien auf mehr oder weniger großen Flächen in Höhen von 1400 bis 2600 m über dem Meeresspiegel. Geschätzt wird heute ein Gesamtareal von rund 7000 ha. Das gesamte Gebiet steht unter Naturschutz (Abb. 169). Einigen besonders auffallenden Bäumen wurden spezielle Namen gegeben (Abb. 168). Der zur Zeit lebende stärkste Riesenmammutbaum ist der 89 m hohe «General Grant» mit einem Stammdurchmesser an der Erde von 12,5 m. Der größte seiner Art ist der «Hausbaum» mit 92 m Höhe und 8 m Stammdurchmesser. Beiden Bäumen wird ein Alter von ungefähr 3500 Jahren zugeschrieben. Nicht mehr zu sehen ist der stärkste je gemessene Riesenmammutbaum, der einen Stammumfang von 46 m gehabt haben soll. Das entspricht einem Durchmesser von 14,45 m.

Der Immergrüne Mammutbaum *(Sequoia sempervirens)* wächst im Küstengebiet der Monterey Bay bis zur nördlichen Grenze Kaliforniens an Gebirgshängen in einem schmalen Streifen in Höhen von etwa 1000 m über dem Meeresspiegel. Hier bildet er dichte Reinbestände, die sich über ein Areal von 810 000 ha erstrecken. Eine Fläche von 27 500 ha steht gegenwärtig unter Naturschutz. In der Größe übertrifft diese Art den Riesenmammutbaum noch. Unter den heute noch lebenden Bäumen wurden Höhen von 112 und 107 m festgestellt. Der höchste je gemessene Immergrüne Mammutbaum, der leider nicht mehr

existiert, war mit 125 m der «Vater des Waldes». Damit war dieser Baumriese im wahrsten Sinne des Wortes etwa doppelt so hoch wie die meisten großen Bäume Europas. Sein Alter wurde auf 1200 bis 1800 Jahre geschätzt.

Interessant sind das Wachstum und der Höhenzuwachs dieser Baumriesen. In dreißig Jahren kann ein Mammutbaum 24 m hoch werden und dabei einen Durchmesser von 40 cm erreichen.

Im Jahre 1769 erschien erstmalig von Pater Juan Crespi ein Bericht über diese Riesenbäume, die wegen der Farbe ihres Holzes als redwood (Rotholz) bezeichnet wurden. Die wissenschaftliche Beschreibung der Pflanzen erfolgte aber erst viel später, 1824 für den Immergrünen Mammutbaum durch den englischen Nadelholzspezialisten A. B. Bourke und 1853 für den Riesenmammutbaum durch den bekannten englischen Botaniker John Lindley. Den Namen Sequoia, von dem später auch *Sequoiadendron* abgeleitet wurde, erhielten die Bäume nach dem Cherokesenhäuptling Sequo-Ya, der das erste Indianische Alphabet entwickelte und die Schrift bei den Indianern einführte.

Der Schutz dieser einmaligen Bäume begann erst nach 1900. Sowohl der damalige Präsident der USA, Theodore Roosevelt, als auch die Nationale Geographische Gesellschaft Kaliforniens setzten sich dafür ein, National- und Staatsparks sowie Nationalforsten zu schaffen, um diese Pflanzengestalten der Nachwelt zu erhalten. Heute wachsen die Immergrünen Mammutbäume in den zwanzig Küsten-Redwood-Staatsparks, von denen der Humboldt State Redwood Park mit 9500 ha der größte ist. Dem Schutz des Riesenmammutbaums dienen die Nationalparks in der Sierra Nevada. Die bedeutendsten davon sind der Yosemite National Park, der Sequoia National Park und der Valaveras National Park.

Die Mammutbäume sind aber nicht die einzigen Baumriesen auf der Erde. Die australischen Eukalyptusbäume stehen ihnen in der Höhe nicht nach. Von einigen Wissenschaftlern wird sogar angenommen, daß einige *Eucalyptus*-Arten noch höher werden. Konkrete Angaben sind aber bisher noch nicht gemacht worden. Auf das Vorkommen und die Bedeutung dieser Gattung sind wir schon im ersten Kapitel des Buches eingegangen. Hier möchten wir nur erwähnen, daß nicht alle Arten der Gattung *Eucalyptus* große Bäume sind. Viele wachsen auch strauchförmig. Große Bäume entwickeln vor allem die Arten *Eucalyptus regnans*, *Eucalyptus marginata* und *Eucalyptus diversicolor*. Sie alle spielen als Nutzholz eine große Rolle.

Wirtschaftlich genutzt werden aber auch die Blätter der *Eucalyptus*-Arten, die in verhältnismäßig hoher Konzentration ätherische Öle oder Ölharze enthalten. Die ätherischen Öle und Ölharze liefern wichtige Grundstoffe für die Parfümindustrie, werden aber auch zu medizinischen Zwecken verwendet.
Eindrucksvolle Pflanzengestalten bildet der Charakterbaum der Dornsavannen im ostafrikanischen Hochland, der Baobab oder Affenbrotbaum *(Adansonia digitata)* (Abb. 170). Wenn er auch nicht die Höhe der Mammut- oder Eukalyptusbäume erreicht, so entwickelt er im Alter doch außergewöhnlich dicke Stämme mit stark verzweigten unförmigen Ästen. Wegen ihrer Massigkeit werden die Affenbrotbäume mitunter als die Dickhäuter des Pflanzenreichs bezeichnet. In einem der dicken Stämme können bis 120000 Liter Wasser gespeichert werden. Das ist eine im Pflanzenreich seltene Erscheinung. In der Trockenzeit werfen die Bäume ihre Blätter ab. Über die Hälfte des Jahres stehen die Riesen dann blattlos da. Nur die länglichen kopfgroßen Früchte hängen an langen Stielen herab. In der Regenzeit erscheinen die fingerförmig geteilten Blätter und großen ansehnlichen gelben Blüten, die bis zu 12 cm Durchmesser erreichen. Die Früchte sind zwar eßbar, schmecken aber nicht besonders gut, so daß sie von der einheimischen Bevölkerung in der Regel den Affen überlassen werden, worauf auch der Name hinweist.

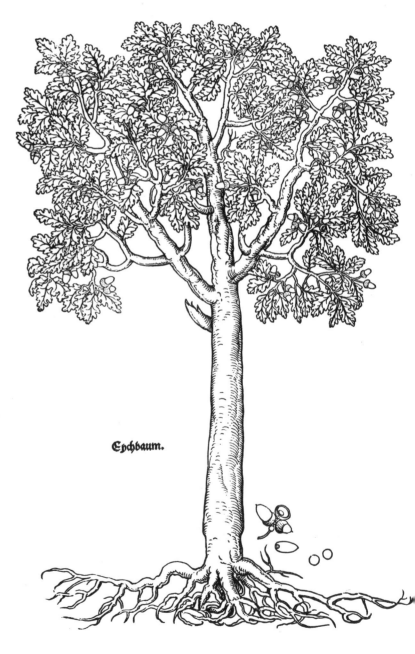

Eychbaum.

Riesenformen, die weit über das allgemein gewohnte Maß hinausgehen, finden sich aber nicht nur unter den Bäumen, sondern auch in anderen Pflanzengruppen. So erreicht z. B. der Birnentang *(Macrocystis pyrifera)*, eine an den gemäßigten Küsten der Südhalbkugel wachsende Braunalge, bei einem Durchmesser der Triebe von 1 cm bis zu 60 m Länge. Riesenformen unter den Gräsern sind einige Bambusgewächse, deren bis 15 cm dicke Stengel bis 40 m hoch werden.

Auch unter den Kakteen gibt es Arten, die durch ihre auffällige Größe imponieren. Kakteensaurier nannte Curt Backeberg, der bekannte Kakteenforscher und -sammler, die Riesengestalten von *Echinocactus grandis* in der mexikanischen Geröllwüste von Tehuacan (Abb. 171). Sie erreichen einige Meter Höhe und wiegen mehr als eine Tonne. Über ihr Alter gibt es aber keine verläßlichen Angaben. Das saftige Fleisch im Inneren der Kakteenkörper ist eßbar und löscht den Durst der Wüstenwanderer. Von jungen Exemplaren werden aus den geschälten Körpern durch Kochen in Rohrzucker kandierte Kakteenschnitten hergestellt, die angenehm süß schmecken.

Von kaum geringerer Größe ist der ebenfalls in Mexiko wachsende Goldkugelkaktus *(Echinocactus grusonii)*. Er wird bis 1,30 m hoch und bis 1 m dick. Auffällig ist die kräftige gelbliche Bestachelung. Im Volksmund wird dieser Kaktus sinnigerweise auch «Schwiegermuttersessel» genannt.

Auf trockenen felsigen Standorten in nebelreichen Höhen, an Felswänden der Schneeregion und an sonnigen Abhängen heißer regenarmer Täler in den Anden Perus wachsen in Höhen von 2000 bis 4000 m die Riesen unter den Bromelien, die zur Art *Puya raimondii* gehören (Abb. 172). Sie sind Bestandteil der sogenannten Punavegetation und Charakterart der peruanischen Hochanden. Hier ist das Klima äußerst kontrastreich. Innerhalb kurzer Zeit wechselt Sommerhitze mit eisiger Kälte ab. Aus der vorwiegend niedrigwachsenden, polsterbildenden Vegetation heben sich die riesigen stammbildenden Bromelien wie Bäume ab. Aus einer großen Schopfrosette erhebt sich der bis zu 4 m hohe Stamm, der den bis 5 m langen riesigen Blütenstand trägt. In diesem Blütenstand sind bis zu 8000 Blüten vereint.

Auffallend große Formen sind aber nicht nur bei Pflanzen in ihrer Gesamtheit zu beobachten, sondern bei manchen Arten sind auch einzelne Organe überdimensional entwickelt. Einige Beispiele dafür wollen wir nun betrachten.

Portugiesische Seefahrer fischten vor rund 450 Jahren aus dem Indischen Ozean zuweilen schwimmfähige Früchte, ohne Kenntnis von ihrer Herkunft zu haben. Diese Doppelkokosnüsse hatten eine Länge von einem halben Meter und wogen bis 5 kg. Damit übertrafen sie die Kokosnüsse *(Cocos nucifera)* um ein Mehrfaches. Sie waren innen hohl und dadurch nicht keimfähig. Auch Fernando de Magellan (1480–1521), der erste Weltumsegler, berichtete von dieser sagenhaften Nuß, von der man annahm, daß sie von einem Baum stamme, der auf dem Meeresboden wächst. Deshalb nannte man sie auch «Coco de Mer» oder «Sea-Coconut» (Meereskokosnuß).

250 Jahre lang blieb die Heimat dieser Riesenfrucht, die durch Spekulationen einen phantastischen Wert angenommen hatte, unbekannt. Im Jahre 1768 landete eine Expedition auf der Insel Praslin, die zur Gruppe der Seychellen gehört. Der Landmesser Barree fand im dichten Dschungel erstmalig die «Coco de Mer»-Palme. Der französische Naturforscher Pierre Sonnerat besuchte 1771 die Seychellen und gab der neuentdeckten Palme den wissenschaftlichen Namen *Cocos maldivica*. Heute wird die Seychellennuß *Lodoicea maldivica* genannt (Abb. 173, 174). Im Gegensatz zur Kokospalme wächst sie nicht am Strand, sondern im Urwald.

Die Palmen werden 30 bis 40 m hoch, und das Alter der Bäume wird auf 600 bis 800 Jahre geschätzt. Die Pflanzen wachsen und entwickeln sich sehr langsam, erst nach rund 25 Jahren blühen und fruchten die ersten Exemplare. Sieben Jahre dauert es, ehe die 15 bis 20 kg schweren Früchte reifen und von den Bäumen abfallen. Die Nüsse sind die größten Samen des Pflanzenreiches.

Das Verbreitungsgebiet der Palme ist sehr klein. Sie wächst gegenwärtig nur noch auf zwei Inseln, der 300 Quadratkilometer großen Praslin-Insel und der rund 4 Quadratkilometer großen Curiense-Insel. Die Gesamtzahl der Bäume wird auf 4000 geschätzt; sie stehen unter Naturschutz. Die Nüsse keimen an Ort und Stelle im lockeren feuchten Humusboden. Frische, keimfähige Nüsse können auf Grund des hohen spezifischen Gewichts von 1,2 g/cm^3 nicht schwimmen. Deshalb ist eine natürliche Verbreitung auf andere Inseln unmöglich.

Nach dieser Pflanze mit riesigen Samen wollen wir uns nun einer anderen zuwenden, die durch ihre großen Blätter auffällt. Es ist die «Königin der Seerosen» *Victoria amazonica* (Abb. 175). Seit ihrer Entdeckung im Jahre 1801 durch Thaddaeus Haenke und den Pater La Cueva in den Verlandungsgebieten des großen Amazonenstromes in Südamerika wurde wohl selten einer Pflanze so viel Aufmerksamkeit gewidmet wie gerade dieser großen Schwimmblattpflanze. In der Literatur ist die Geschichte von mehrfachen Entdeckungen zu lesen. Haenke starb auf seiner Reise, und ein Teil seiner wissenschaftlichen Arbeiten ging verloren. Aimé Bonpland, der Begleiter Humboldts, fand die Pflanze 1819 als nächster. Genauere Nachrichten über diese imposante Wasserpflanze gab jedoch erst d'Orbigny, der sie 1827 fand und 1840 wissenschaftlich beschrieb. Auch andere Wissenschaftler hatten die Pflanze inzwischen gefunden, 1832 Eduard Poeppig und 1836 Robert Hermann Schomburgk.

Verbreitet ist *Victoria amazonica* in ruhigen Gewässern, Buchten von Landseen und in Sümpfen des Amazonasgebietes sowie in Bolivien und Guayana. Am häufigsten wächst sie in den stillen Nebengewässern des Amazonas, in denen sie kilometerweit die Wasserfläche mit ihren riesigen Blättern bedeckt. Die dicken Rhizome der Pflanzen stehen aufrecht im Schlamm des seichten Wassers und werden von unzähligen Wurzeln festgehalten. Die kreisrunden Blätter erreichen bis zu 200 cm im Durchmesser, der schüsselförmig aufgestülpte Rand ist 4 bis 6 cm hoch. Die Indianer am Parana nannten deshalb die Pflanze sehr treffend Irupe (Wasserschüssel). Die Blätter sind oben glatt, unten dagegen mit vielen Stacheln und einem Gerüst brettartiger, durch seitliche Querbänder verbundener Rippen versehen (Abb. 176). Einzelne Rippen sind bis 6 cm hoch und 2 bis 5 cm breit, sie enthalten Luftkanäle. Dadurch ergibt sich eine hohe Tragfähigkeit des Blattes. Ein ausgewachsenes Blatt hält eine Belastung bis zu 75 kg aus. Es könnte also einen erwachsenen Menschen durchaus tragen, wenn das Gewicht gleichmäßig auf die Fläche verteilt würde. Da das nicht möglich ist, handelt es sich bei den bisweilen veröffentlichten Bildern, die einen Menschen auf einem Victoria-Blatt zeigen, um Trickaufnahmen. Erstaunlich sind auch die Schnelligkeit und die Menge des Blattwuchses. So wurde beobachtet, daß ein sich entfaltendes Blatt in einer Stunde einen Zuwachs von 2,5 cm bringt. In vierundzwanzig Stunden sind das rund 0,3 Quadratmeter Blattfläche. Eine Pflanze bildet so in zwanzig bis fünfundzwanzig Wochen ca. 60 Quadratmeter Blattfläche. Das ist ein im Pflanzenreich sehr seltenes Wachstum.

Die Lebensdauer eines Blattes beträgt sechs bis acht Wochen. Damit diese Riesenblätter atmen und assimilieren können, tragen sie auf der Oberseite winzig kleine Löcher (Stomata), die das Regenwasser nach unten absickern lassen. Gezählt wurden auf einem Quadratzentimeter Blattfläche rund ein Dutzend dieser Öffnungen.

Eingeführte, in einer Flasche mit frischem Wasser gehaltene Samen keimten erstmalig im Frühjahr 1849 in England, wo die Pflanzen auch zum Blühen gebracht wurden. Heute ist die «Königin der Seerosen» in nahezu allen botanischen Gärten ein Anziehungspunkt für die Besucher. In großen Wasserbecken wird die sonst mehrjährige Pflanze einjährig kultiviert, da sie der Lichtmangel während des Winters in unseren Breiten zum Absterben bringen würde. Der Samen wird im Januar oder Februar bei hohen Temperaturen ausgesät. Die ersten Blüten erscheinen dann ab Juni. Sie sind 20 bis 40 cm groß und öffnen sich nur zwei Nächte lang. Gegen Abend geht die zunächst reinweiße Blüte auf und schließt sich am Morgen wieder. Am Nachmittag öffnet sie sich ein zweites Mal, wobei sie sich rosa bis dunkelrot färbt. Anschließend verblüht diese exotische Verwandte der mitteleuropäischen Seerosen, und unter Wasser reifen ihre Samen. Beim Aufblühen entströmt der Blüte ein starker ananasartiger Duft.

Neben dieser Art ist noch die kleiner bleibende *Victoria cruciana* bekannt, die weiter südlich, in Parana, Uruguay und im nördlichen Argentinien, vorkommt. Diese Pflanze wird vielfach als Ersatz für die «echte» Königsseerose in den Schauhäusern kultiviert und gezeigt.

Nach den Pflanzen mit den großen Samen und den großen Blättern wollen wir nun auch noch die Pflanze mit der größten Blüte betrachten. Es handelt sich um *Rafflesia arnoldii*, die 1818 von dem Botaniker Arnold im dichten tropischen Urwald auf der Insel Sumatera entdeckt wurde. Ihre Blüten erreichen einen Meter im Durchmesser, manche Wissenschaftler geben sogar extrem große Formen mit einem Durchmesser von 1,40 m an (Abb. 177). Die riesigen braunroten, nach außen umgeschlagenen Blütenblätter bilden einen offenen Kessel, in dem sich die Frucht- und Staubblätter befinden. Die Blüten sind aber auch das einzige Große an dieser Pflanze, alle anderen Organe sind klein oder fehlen ganz und gar. Sie lebt parasitisch auf den Wurzeln von Lianen der Gattung *Cissus* und besitzt deshalb weder einen Stengel noch Blätter. Die Blüten liegen unmittelbar dem Boden auf, und nur kleine dünne Saugwurzeln dringen in die Wurzeln der Wirtspflanze ein. Auch die Samen sind winzig klein. Stark ist allerdings der durchdringende Geruch nach faulendem Fleisch und Kot, der von den Blüten ausgeht. Durch diesen Geruch und die Blütenfarbe locken sie Aasfliegen und Käfer an, die die Bestäubung vornehmen, wenn sie ihre Eier an den Blüten ablegen wollen.

Wenn von den ältesten Pflanzen die Rede ist, so fallen den meisten Menschen sofort die sprichwörtlichen tausendjährigen Eichen ein. Die Stieleiche *(Quercus robur)* kann auch tatsächlich so alt werden. Allerdings sind diese Bäume außerordentlich selten. Wissenschaftler schätzen, daß die Stieleiche ein Höchstalter von 1200 Jahren erreichen kann. Im Ivenacker Park bei der Reuterstadt Stavenhagen in der DDR steht heute noch eine Eiche, deren Alter auf 1000 Jahre geschätzt wird; für ebenso alt hält man eine 15 m hohe Feldulme in Schümshein (Rheinhessen). Auch der Fichte *(Picea abies)* mit 1000 Jahren und der Rotbuche *(Fagus sylvatica)* mit 900 Jahren wird ein relativ hohes Alter zugeschrieben. Damit gehören diese drei Arten zu den am längsten lebenden Bäumen in Mitteleuropa. Alle anderen Arten werden mit einer Ausnahme wesentlich weniger alt.

Die Ausnahme ist die Eibe *(Taxus baccata)*, der man ihr hohes Alter aber oft nicht ansieht, weil sie sehr langsam wächst. Ihr Holz ist dicht und schwer, und die Jahresringe liegen eng beieinander. So stellt sie ein begehrtes Nutzholz dar und ist an vielen Stellen in Mitteleuropa fast vollständig ausgerottet worden. In den meisten Ländern steht sie aus diesem Grunde unter Naturschutz.

Das Alter der Eiben ist besonders bei größeren und dickeren Exemplaren nicht genau feststellbar, da oft mehrere Stämme miteinander verwachsen sind. Trotzdem nimmt man ein Alter von über 2000 Jahren für die Eiben an. In der Nähe von Braburn in der englischen Grafschaft Kent soll sogar eine 3000 Jahre alte Eibe stehen, und für manche Bäume im Eibenhain an der Schwarzmeerküste bei Sotschi wird ein noch höheres Alter angegeben.

Damit haben die Eiben ungefähr das gleiche Alter wie die nordamerikanischen Mammutbäume, und beide zählen zu den Pflanzen, die das höchste Alter erreichen.

Die tatsächlich ältesten Bäume wachsen aber im Inyo-Nationalwald in den White Mountains im Regenschatten der Sierra Nevada in Kalifornien in Höhen von 3000 m über dem Meeresspiegel und am Wheeler Peak im Osten des USA-Staates Nevada in Höhen von 3200 bis 3700 m. Der Grannen- oder Borstenkiefer *(Pinus aristata)* gebührt der Ruhm, die ältesten Pflanzen und damit die ältesten Lebewesen auf der Erde zu stellen (Abb. 179). Erst in jüngster Zeit durchgeführte Untersuchungen ergaben für diese Bäume das unwahrscheinliche Alter von über 4000 Jahren. Mindestens fünf Exemplare sind älter als 3000 Jahre, drei Bäumen wird ein Alter von über 4000 Jahren zugesprochen, und ein

Baum soll sogar 4900 Jahre alt sein. Dagegen nehmen sich die 1200 Jahre der Stieleichen schon recht bescheiden aus. *Pinus aristata* zeigt aber durchaus kein imposantes Aussehen, sie wird nur 5 bis 12 m hoch.

Die Grannenkiefer wächst auf windgepeitschten und wüstenhaften Abhängen ohne Bodenwuchs. Der hohe Harzgehalt schützt das Holz vor eindringender Feuchtigkeit und vor Fäulnis. Das Eigenartige am Wachstum dieses Baumes besteht darin, daß er auf ungünstige Umwelteinflüsse außerordentlich stark reagiert (Abb. 180). Das kann man an den Jahresringen erkennen und ablesen. Der Jahresringzuwachs ist so gering, daß man ihn unmöglich ohne Mikroskop erkennen kann. Die Universität von Tucson im USA-Staat Arizona besitzt eine Holzprobe von 12,7 cm Länge, auf der 1100 Jahresringe gezählt wurden. Das bedeutet einen durchschnittlichen jährlichen Dickenzuwachs von rund 0,1 mm.

Mit Hilfe der Jahresringchronologie lassen sich das Klima und bestimmte Ereignisse vergangener Zeiten, wie Dürre- oder Katastrophenjahre, aber auch das Erdbeben, das 1906 die Stadt San Franzisco zerstörte, nachweisen (Abb. 178).

Merkwürdige Formen, seltene Pflanzen

Im Pflanzenreich treten gelegentlich auch Mißbildungen auf, die die Erscheinung einer Pflanze oder einzelner Pflanzenorgane in mehr oder weniger auffälliger Weise verändern. Für derartige abnorme Bildungen bei Pflanzen interessierte man sich bereits im Mittelalter, wie die Beschreibungen der bekannten Äbtissin Hildegard von Bingen aus dem 12. Jahrhundert von durchwachsenen Köpfchen der Ringelblume *(Calendula officinalis)* zeigen.

Eine der ersten zusammenfassenden Darstellungen über dieses Thema erschien 1814 von Georg Friedrich von Jaeger (1785–1866) in dem Buch «Mißbildungen der Gewächse». Goethe erhielt aus dieser Schrift zahlreiche Anregungen für seine morphologischen Untersuchungen.

Abnorme Wuchsformen der Sprosse stehen bei den Mißbildungen an erster Stelle. Bei diesen Verbänderungen (Faszination) handelt es sich um ungewöhnlich breite und bandartig abgeflachte Sprosse bei Pflanzen, deren Stengel im Querschnitt normalerweise mehr oder weniger rund sind.

Eine Pflanze, die erst durch eine solche Verbänderung Schmuckwert erlangte, ist der Hahnenkamm *(Celosia argentea* var. *cristata)* (Abb. 181). Der samtige Blütenstand dieses Fuchsschwanzgewächses besitzt die gekräuselte Form eines Hahnenkamms, der sich bogenartig über dem länglich zugespitzten Laub wölbt. Die kammförmige Verbreiterung des Blütenstandes bildete sich durch Wucherungen und vererbte sich. Nur in seinem unteren Teil entwickeln die Blüten Samen. Dieser Hahnenkamm war bereits 1570 in Europa bekannt und wird in einer Fülle von weißen, gelben, roten, violetten oder bunten Formen von unterschiedlicher Gestalt und Wuchshöhe kultiviert. Der absonderliche Blütenstand ist völlig durchgefärbt. Wahrscheinlich wurde diese Pflanze bereits im Mittelalter aus ihrer afrikanischen Heimat in die europäischen Gärten gebracht.

Eine interessante Abnormität beim Roten Fingerhut *(Digitalis purpurea)*, den wir in einem anderen Kapitel schon erwähnten, ist die Pelorienbildung (Abb. 182, 184). An der Spitze des Blütenstandes sitzt bei diesen Pflanzen eine strahlige Blüte, während die anderen Blüten die für den Fingerhut typische seitlich dorsiventrale Form aufweisen. Die Pelorienblüte blüht zuerst und ist auch wesentlich größer als die anderen Blüten. Bei den Pelorien wurden bis dreißig Kronblätter gezählt, die gruppenweise mit ihren Nachbarn verwachsen sind.

Die Pelorienbildung wird von den Botanikern als ein Rückschlag in die ursprüngliche Blütenform betrachtet. Aus dieser Blüten-

monstrosität zieht man neben vielen anderen Hinweisen den Schluß, daß die zweiseitige Symmetrie bei den Blüten stammesgeschichtlich abgeleitet ist und sich erst verhältnismäßig spät in der Entwicklung der Samenpflanzen herausgebildet hat.

Die Entstehung dieser abnormen Formen ist bis heute noch nicht in allen Einzelheiten zu erklären, aber verschiedene Meinungen und Überlegungen besagen, daß sie auf eine verstärkte Vitalität zurückzuführen sind.

Bei anderen Abweichungen vom Normalen und Gewohnten ist man sich allerdings heute über die Ursachen klar.

Wenn Pflanzen von Krankheiten oder Schädlingen befallen werden, so leiden allgemein das weitere Wachstum und die Entwicklung der betreffenden Pflanzen darunter.

Es gibt aber auch einige «nützliche» Krankheiten, wobei wir hier nicht über Krankheiten der Unkräuter oder anderer schädlicher Pflanzen sprechen wollen. Es geht uns im Gegenteil um eine besondere Form von Viruserkrankungen, die bei manchen Zierpflanzen auftreten und von den Pflanzenfreunden als Attraktivität angesehen werden.

Eine derartige «Krankheit» finden wir bei der Schönmalve *(Abutilon)*, dem sogenannten Zimmerahorn (Abb. 187). Verschiedene Arten dieser Gattung werden von einem Mosaikvirus befallen. Die handförmigen, fünf- bis siebenlappigen Blätter von *Abutilon striatum* cv. *thompsonii* werden dadurch grün-gelblichweiß gescheckt und erhalten erst so Schmuckwirkung. Diese Krankheit der haltbaren und dekorativen Blüten- und Blattschmuckpflanze ist schon lange bekannt. In einer englischen Gartenzeitschrift aus dem Jahre 1868 wurde sie erstmalig beschrieben.

Interessant ist bei dieser Viruserkrankung, daß man die Blattscheckung wieder zum Verschwinden bringen kann, wenn man die Pflanzen einige Wochen lang hohen Temperaturen — über +36°C — aussetzt. Der neu gebildete Triebzuwachs ist dann gesund, oft ist auch nach dieser relativ kurzen Zeit die ganze Pflanze ausgeheilt. Das Virus wird nämlich bereits bei diesen Temperaturen abgetötet.

Die Schönmalve ist aber keineswegs die einzige Pflanze, die durch eine Viruserkrankung an Schmuckwert gewinnt. Bekannter ist vielleicht das Beispiel der viruskranken Tulpen *(Tulipa gesneriana)*, denn um nichts anderes handelt es sich bei den gestreiften Formen dieser Frühjahrszierde unserer Gärten (Abb. 183). Das Virus verursacht bei ihnen die unterschiedliche Färbung in den Blütenblättern.

169 Riesenmammutbäume am East River in Kalifornien
170 Affenbrotbaum oder Baobab *(Adansonia digitata)* in der
ostafrikanischen Dornsavanne

180

171 *Echinocactus grandis* in der mexikanischen Geröllwüste
von Tehuacan

172 *Puya raimondii*, der Riese unter den Bromelien

173 Früchte der Seychellennuß *(Lodoicea maldivica)*, die am natürlichen Standort auf der Insel Praslin gesammelt wurden
174 Keimblatt der Seychellennuß

176 Blattunterseite von *Victoria amazonica*

177 Die größten Blüten im gesamten Pflanzenreich entwickelt *Rafflesia arnoldii*

178 Untersuchung der Jahresringe von Grannenkiefern
(Pinus aristata)

179 Grannenkiefern *(Pinus aristata)* im Inyo-Nationalwald
in Kalifornien

180 Alte Grannenkiefern haben oft ein gespenstisches Aussehen

181 Hahnenkammbildung bei *Celosia argentea*, einer als Zierpflanze häufig kultivierten Art

182 Normaler Blütenstand des Roten Fingerhutes *(Digitalis purpurea)*

183 Die Streifen in den Tulpenblüten *(Tulipa gesneriana)* werden durch eine Virusinfektion hervorgerufen

184 Pelorienbildung beim Roten Fingerhut

185 Albinotische Form der normalerweise weinrot-purpurn blühenden Schachblume *(Fritillaria meleagris)*

186 Neben den normal blühenden Pflanzen des Helmknabenkrautes *(Orchis militaris)* fällt das rein weiße Exemplar besonders auf

188 Seltsame Stammformen werden von den *Pyrenacantha*-Arten in den Trockenbüschen von Kenia entwickelt

189 Faßpalmen *(Colpothrinax wrightii)* auf der Insel Isla de Pinos

190 Eine der schönsten Palmen ist die auf den Karibischen Inseln heimische Königspalme *(Roystonea regia)*

191 Silberschwert *(Argyroxiphium sandwicense)* auf der Insel Haleakala

192 Flaschenbäume *(Idria columnaris)* in Niederkalifornien
193 Mimose *(Mimosa pudica)* im ungereizten Zustand
194/195 Mimose im gereizten Zustand

196 Der «Baum der Freundschaft» im sowjetischen
Schwarzmeerkurort Sotschi

Aber auch auf anderen Ursachen beruhende Farbänderungen kommen bei Blüten gelegentlich vor. Normalerweise blau- oder rotblühende Pflanzen erscheinen dann plötzlich mit weißen Blüten. Diese als Albinismus bezeichnete Erscheinung ist auf Mutationen, d. h. sprunghafte Veränderungen des Erbgutes, zurückzuführen. Kompliziert ist der Chemismus dieser Farbänderungen, der in den Pflanzenzellen vor sich geht, da viele Faktoren die Farbstoffe in den Zellen beeinflussen können. Mit diesen Problemen haben sich in den Jahren 1930 bis 1940 die Forscher W. J. Lawrence und J. R. Price intensiv beschäftigt. Grob geschätzt rechnet man in der freien Natur mit dem Auftreten von Albinismus in einem Verhältnis von 1 : 10 000. Beispiele für den Albinismus sind überall zu finden. Er tritt unter anderem bei der Schachblume *(Fritillaria meleagris)* (Abb. 185) und beim Helmknabenkraut *(Orchis militaris)* (Abb. 186) auf. Die rein weißen Formen dieser Pflanzen sind besonders auffällig.

Seltsame und interessante Pflanzenformen entstehen aber nicht nur durch Veränderungen auf Grund äußerer und innerer Ursachen. Viele Arten haben auch von vornherein Gestalten, die es wert sind, betrachtet zu werden.

Auf der Insel Isla de Pinos südlich der westkubanischen Provinz Pinar del Rio wächst in der Sandsavanne eine Palme, die durch ihr merkwürdiges Aussehen Erstaunen auslöst. Die Stämme haben in der Mitte tonnenartige Auftreibungen. Es handelt sich um die Faßpalme *(Colpothrinax wrightii)*, die von den Einwohnern «palma barrigona» (Bauchpalme) genannt wird (Abb. 189). Im Jugendstadium ist von der Stammverdickung noch nichts zu sehen. Erst im Alter, etwa nach zehn bis fünfzehn Jahren, wächst der Stamm in der Mitte durch die Entwicklung eines sekundären Bildungsgewebes in die Dicke. Interessant ist, daß die Faßpalme erst nach Ausbildung der Stammverdickung zu blühen und zu fruchten beginnt.

Ähnliche Anschwellungen, allerdings nicht so stark ausgeprägt, sind bei der ebenfalls auf Westkuba heimischen Palmenart *Acrocomia armentalis* und anderen Arten dieser Gattung zu bewundern. Da die Stammverdickungen in gleicher Höhe über dem Erdboden beginnen, muß der Zeitpunkt ihrer Ausbildung erblich festgelegt sein. Die Auftreibungen stellen Wasser- und Reservestoffspeicher dar.

Auch bei der wohl schönsten Palme, der auf den westindischen Inseln in Flußtälern wild vorkommenden Königspalme *(Roystonea regia)*, sind die Stämme in der Mitte etwas angeschwollen (Abb. 190). Bis zu 30 m hoch erheben sich die glatten Stämme, die an der Spitze von einem Schopf schöner Fiederwedel gekrönt werden. Unterhalb der Blattwedel erscheinen die rispigen Blütenstände. Die öl- und stärkereichen Steinfrüchte werden als Viehfutter verwendet. Auf Grund ihrer eindrucksvollen Gestalt wird die Königspalme als Allee- und Parkbaum in der Tropenzone gern angepflanzt. Auf Kuba bestimmt sie aber auch das Landschaftsbild offener Landschaften und ist sogar im Nationalwappen zu finden.

Seltsame Gestalten bilden auch die Flaschenbäume von *Idria columnaris*, einer Charakterpflanze trockenheißer Gebiete in Niederkalifornien (Abb. 192). Die baumartige Stammsukkulente wird bis zu 18 m hoch. Aus den schwammig-weichen Stämmen wachsen zahlreiche kurze und dünne Seitenäste, die der Pflanze ihr eigenartiges, bizarres Aussehen verleihen. Von weitem sehen die Pflanzen wie nackte, spitz zulaufende Stangen aus. Sie werden deshalb auch «Telefonstangenpflanzen» genannt.

Nicht in die Höhe, sondern mehr in die Breite wächst der Stamm einer anderen Pflanze. An einen Felsblock, auf dem eine Wurzel sitzt, erinnert der knollige, verdickte Stamm der *Pyrenacantha*-Arten, die in den Trockenbuschgebieten von Kenia vorkommen (Abb. 188). Aus der Mitte der Knolle sprießt ein kletternder Sproß, der sich ringelt und nach allen Seiten dreht. Die Knollen von *Pyrenacantha malvifolia* können im Alter einen Durchmesser von 1,5 m erreichen. Ihr saftiges Fleisch wird von Elefanten und Nashörnern gefressen.

Nur am Vulkankrater Haleakala auf der Insel Maui der Hawaii-Inselgruppe wächst das Silberschwert, Hawaiian silversword *(Argyroxiphium sandwicense)*, das zur Familie der Korbblütengewächse gehört (Abb. 191). Die junge Pflanze ähnelt einer dicht beblätterten Agave. Die silbrig glänzenden Blätter sind dichtbehaart und stachelförmig. Von weitem sehen die jungen Pflanzen silbernen Kugeln ähnlich. Es dauert sieben bis zwanzig Jahre, ehe die Pflanze zur Blütenbildung kommt. Der Blütenstengel erhebt sich dann 50 cm über die Silberbälle und bringt über hundert purpurne sonnenblumenähnliche Blütenstände hervor. Nach dem Fruchten stirbt die Pflanze ab. Interessant ist, daß sich sieben verschiedene Schadinsektenarten auf das Silberschwert spezialisiert haben und die Weiterexistenz der seltenen Pflanze bedrohen.

Rücksichtslose Souvenirjäger hatten Ende des 18. und Anfang des 19. Jahrhunderts diese Pflanze wegen ihrer Seltenheit und ihrer schönen Blütenfarbe fast ausgerottet. Heute steht das Gebiet von Haleakala unter Naturschutz. Ein riesiger Krater hat hier eine Landschaft mit vulkanischen Kegeln und anderen Formationen geschaffen. Die Vegetation ist spärlich, aber einmalig ist der landschaftliche Reiz.

Pflanzen fallen aber nicht nur durch ihre seltsamen Formen oder ihre besonderen Farben auf, manche haben auch bestimmte andere Eigenschaften, die unser Interesse wecken.

«Empfindlich wie eine Mimose» ist eine bekannte Redensart. In der Tat ist die Sinnpflanze *(Mimosa pudica)* ein sehr empfindliches Gewächs, das auf Erschütterung, Berührung oder Stoß sofort reagiert und im Pflanzenreich ungewöhnliche Bewegungen vollführt. (Abb. 193, 194) Diese als seismonastische Bewegung bezeichnete Erscheinung hat die Mimose zu einer beliebten Anschauungspflanze werden lassen. Bei Berührung eines Blattes klappen die kleinen Fiederblättchen nach oben, und die Blattstiele senken sich in Richtung des Stengels bzw. der Pflanze. Der Empfindlichkeitsreiz setzt sich in der Pflanze bis zu 50 cm weit fort, wobei Geschwindigkeiten bis zu 10 cm in der Sekunde festgestellt worden sind. Nach zehn bis zwanzig Minuten erlischt der Reiz, und die Blätter nehmen ihre alte Stellung wieder ein (Abb. 195). Die Bewegung wird im Zellinnern durch Änderung des Turgordrucks in bestimmten Zellgeweben hervorgerufen. Durch Austritt des Zellsaftes in die Zellzwischenräume ändert sich das Spannungsverhältnis der Einzelteile und des gesamten Gewebes, wodurch schließlich die Klappbewegungen entstehen.

Die Mimose stammt aus Brasilien, ist aber in vielen tropischen Ländern verwildert. In Gewächshäusern wird sie einjährig kultiviert. Die aufrechten Stengel werden bis 80 cm hoch und sind etwas stachelig. Sie tragen die kleinen dunkelgrünen Fiederblätter. Die rosaweißen bis hellroten Blüten stehen in kugeligen Ständen.

Zum Schluß dieses Kapitels und des Buches wollen wir noch ein in der Welt einmaliges Citrusgewächs vorstellen, das sich auf dem Gelände der Versuchsstation für subtropische und südliche Kulturen im sowjetischen Schwarzmeerkurort Sotschi befindet. Nicht das Alter oder die Größe sind das Interessante an diesem «Baum der Freundschaft». Er ist erst vierzig Jahre alt und kaum höher als 4 m (Abb. 196). Seit der sowjetische Polarforscher Otto Schmidt im Jahre 1940 die erste Pfropfung an diesem Baum durchführte, als er als Ehrengast in dem Versuchsgarten weilte, hat der Citrusbaum viele neue Pfropfungen erfolgreich überstanden, Pfropfungen, die Vertreter aus über 130 Ländern, Menschen verschiedenster Nationalitäten und Berufe vornahmen. Auf die

Zweige dieses Baumes pfropften J. Gagarin, P. Robeson, Ho-chi-Minh, Woroschilow und viele andere Persönlichkeiten frische Reiser auf. Heute wachsen über 45 verschiedene Citrusfrüchte in der dichten Krone. Neben japanischen Mandarinen hängen italienische Zitronen und amerikanische Grapefruits, neben kleinen Kumquatfrüchten riesengroße Ojafrüchte. Daneben befinden sich kleine weiße Schilder mit Namen in vielen Sprachen. Bevor die Gäste das Okuliermesser am Baum der Freundschaft ansetzen dürfen, werden ihnen in einem Schnellkurs die Grundregeln des Pfropfens gelehrt.

Damit beenden wir unseren Streifzug durch die vielgestaltige Pflanzenwelt. Wenn man bedenkt, daß auf der Erde etwa 370000 Pflanzenarten existieren, so konnte in diesem Buch nur eine kleine Auswahl berücksichtigt werden. An einigen ausgewählten Beispielen wurden auffallende Besonderheiten, aber auch nicht gleich ins Auge springende Seltsamkeiten in Wort und Bild vorgestellt und dem Leser ein Einblick in die Vielfalt und Schönheit der Pflanzenwelt gegeben, der ihn zu weiteren Studien und Beobachtungen anregen will.

Sachworterläuterungen

Verzeichnis der Pflanzennamen

Anhang

Literaturverzeichnis

Bildnachweis

Sachworterläuterungen

Alkaloide

Wichtige Gruppe alkalischer Naturstoffe, die im sogenannten Sekundärstoffwechsel der Pflanzen gebildet werden. Es handelt sich um ringförmige Stickstoffverbindungen von unterschiedlichem chemischem Bau, die salzartig an Pflanzensäuren gebunden sind. Ihre Bildung erfolgt meistens in der Wurzel, die Speicherung in Wurzeln, Rinden, Blättern und Früchten. Viele von ihnen sind Gifte oder werden als Arzneimittel verwendet, da sie auf das Nervensystem (schmerzlindernd, krampflösend, betäubend) wirken. Reichlich vertreten sind sie in den Familien der Mohngewächse, Nachtschattengewächse und anderen, wobei meist mehrere Alkaloide in einer Pflanze vorkommen. Bekannte Alkaloide sind Ergotamin, Ergotoxin, Ergometrin (Mutterkornpilz), Hyoscyamin, Atropin (Tollkirsche), Aconitin (Eisenhut), Chinin (Fieberrindenbaum), Morphin, Codein, Papaverin (Schlafmohn), Coniin (Schierling), Strychnin (Brechnuß), Kokain (Kokastrauch), Nikotin (Tabak), Coffein (Kaffee, Tee) und Colchicin (Herbstzeitlose).

Aphrodisiakum

den Geschlechtstrieb anregender Stoff

Areal

Verbreitungsgebiet einer systematischen Einheit der Pflanzen (Art, Gattung, Familie usw.), dessen Grenzen mit den natürlichen Verbreitungseinrichtungen (Samen, Sporen, Ausläufer usw.) nicht überschritten werden können. Grenzen der Areale sind z. B. Gebirge, Meere, nicht zusagende Lebensbedingungen. Allerdings stehen die Grenzen eines Areals nicht für alle Zeiten fest, sondern sie verändern sich im Laufe der Entwicklung. Man unterscheidet zwei hauptsächliche Typen von Arealen. Beim kontinuierlichen oder geschlossenen Areal stehen die einzelnen Siedlungsräume der Pflanzen so dicht beieinander, daß eine natürliche Verbreitung von einem Gebiet zum anderen möglich ist. Beim disjunkten oder zerstückelten Areal sind die Teilgebiete sehr weit voneinander entfernt, so daß kein Austausch stattfinden kann. Disjunkte Areale sind meist historisch aus ehemals kontinuierlichen hervorgegangen, weil die Pflanzen in den dazwischenliegenden Gebieten ausstarben. Ein bekanntes Beispiel für Pflanzen mit disjunktem Areal ist die Gattung der Tulpenbäume *(Liriodendron)*, von denen eine Art in Ostasien, die andere im atlantischen Nordamerika vorkommt. Der Giftsumach *(Rhus toxicodendron)* hat die gleiche Verbreitung.

arid

Klimabezeichnung für Trockengebiete, in denen die mögliche Verdunstung größer ist als die Summe der Niederschläge. Dadurch entsteht ein Wasserdefizit, was zur Wüsten- oder Halbwüstenbildung führt.

Assimilation

Aufbau körpereigener Stoffe aus körperfremden. Unter Assimilation im engeren Sinne versteht man die Kohlenstoffassimilation der grünen Pflanzen, die mit Hilfe des Chlorophylls und unter Ausnutzung der Lichtenergie aus dem Kohlendioxid der Luft und dem Wasser des Bodens organische Stoffe, in der ersten Phase meist Traubenzucker, aufbauen. Damit ist die Assimilation die Grundlage jeglichen Lebens auf der Erde. Gegensatz: Dissimilation, der Abbau körpereigener Substanzen zur Energiegewinnung. Bekannte Dissimilationsprozesse sind die Atmung und die Gärung.

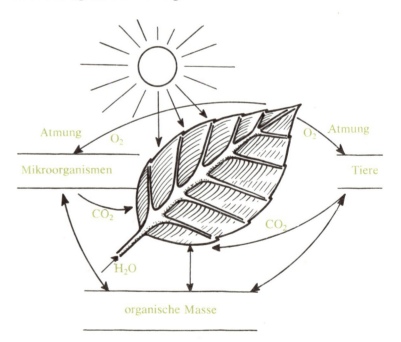

ätherische Öle

im Protoplasma gebildete, komplizierte Gemische organischer Verbindungen, die an Blüten, Sprossen und Blättern von Drüsenhaaren abgeschieden oder in Ölzellen oder Ölbehältern abgelagert werden. Im Gegensatz zu den fetten Ölen verdunsten sie vollständig und hinterlassen auf Papier keine Fettflecke. Wahrscheinlich handelt es sich um Stoffwechselschlacken, die wegen ihres typischen Geruchs den Pflanzen auch zur Insektenanlockung oder zur Abschreckung dienen. Etwa 150 ätherische Öle werden praktisch verwendet, z. B. als Duftstoffe (Jasminöl, Lavendelöl, Rosenöl), als Aromastoffe (Bittermandelöl, Muskatnußöl, Kümmelöl, Zimtöl) oder bei der Arzneimittelherstellung (Fenchelöl, Kamillenöl, Kampferöl). Die Gewinnung der ätherischen Öle erfolgt durch Wasserdampfdestillation, Auspressen oder Extraktion mit verschiedenen Lösungsmitteln (Benzol, Petroläther u. a.).

autotroph

Als autotroph bezeichnet man Pflanzen, die sich ausschließlich von anorganischen Stoffen ernähren und daraus organische aufbauen. Gegensatz: heterotroph

Bastard

Hybride, durch Kreuzung von Eltern mit unterschiedlichen Erbanlagen entstandene Pflanze. Man unterscheidet innerartliche, Art- und Gattungsbastarde je nach den Unterschieden in den Ausgangssippen. Die Bildung von Bastarden spielt eine große Rolle in der Pflanzenzüchtung, insbesondere bei einigen Zierpflanzengruppen, von denen viele Hybriden sind.

Bestäubung

Übertragung des Pollens von den Staubgefäßen auf die Narbe des Fruchtknotens bzw. bei den nacktsamigen Pflanzen direkt auf die Samenanlage; Voraussetzung für die Befruchtung. Bei der Selbstbestäubung wird Pollen der gleichen Blüte auf die Narbe gebracht, bei Nachbarbestäubung Pollen einer anderen Blüte der gleichen Pflanze und bei Fremdbestäubung Pollen einer anderen Pflanze der gleichen Art. Da bei den meisten Pflanzen die Fremdbestäubung den größten Erfolg bei der Fortpflanzung verspricht, sind vielfältige Anpassungserscheinungen zur Verhinderung der Selbstbestäubung entwickelt worden, z. B. Selbststerilität, unterschiedliche Reifezeiten von Pollen und Narbe einer Blüte, eingeschlechtige Blüten oder Pflanzen und andere. Bei der Bestäubung erfolgt die Übertragung des Pollens durch den Wind, durch Wasser oder Tiere.

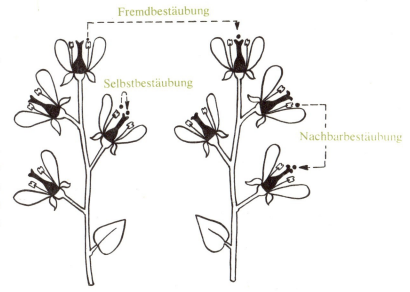

Blume

bestäubungsbiologisch-funktionelle Einheit zur Anlockung der bestäubenden Tiere und zur Sicherung der Bestäubung. Eine Blume kann aus einer Blüte, einzelnen Blütenteilen, mehreren Blüten und zusätzlich noch anderen Organen bestehen.

Blüte

der geschlechtlichen Fortpflanzung dienender, umgestalteter Sproß mit meist beschränktem Wachstum. Eine vollständige Blüte der bedecktsamigen Pflanzen besteht aus dem Blütenboden, den Kelchblättern (Sepalen), den Kronblättern (Petalen), den Staubblättern (Stamina) und den Fruchtblättern (Karpellen) sowie z. T. noch besonderen Bildungen wie den Nektarien. Bei den meisten Blütenteilen handelt es sich um umgewandelte Blätter. Die Staubblätter setzen sich aus dem Staubfaden (Filament) und dem Staubbeutel (Anthere), in dem der Pollen gebildet wird, zusammen. Die Fruchtblätter bilden den Fruchtknoten mit dem Griffel (Stylus) und der Narbe (Stigma). An der Fruchtknotenbildung können ein Fruchtblatt oder mehrere Fruchtblätter beteiligt sein. In ihm befinden sich in Einzahl oder Mehrzahl die Samenanlagen, aus denen sich die Samen entwickeln. Durch Verwachsung oder Reduktion kommt es zum Fehlen einzelner Blütenteile, wodurch z. B. eingeschlechtige Blüten entstehen. Die reduzierten Blüten werden allgemein als stammesgeschichtlich abgeleitet betrachtet.

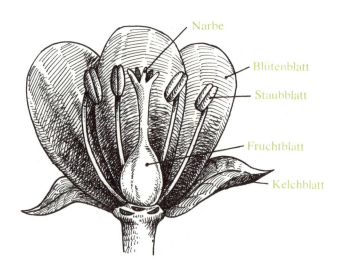

Blütenstand

Infloreszenz, oft reich verzweigter, eine größere Zahl Blüten tragender Teil des Sprosses, an dem sich keine echten Blätter, sondern nur Hochblätter befinden. Der Blütenstand ist meistens deutlich von der Laubblattregion abgesetzt. Nach der Art und Weise der Verzweigung unterscheidet man zahlreiche Formen von Blütenständen, z. B. Traube, Ähre, Kolben, Kätzchen, Rispe, Dolde und Körbchen.

Cephalium

scheitelständiger, aus dichter Wolle und feinen Borsten bestehender Schopf bei manchen Kakteen, der der Blüten- und Fruchtbildung dient.

Chitin

sehr widerstandsfähige, hochmolekulare organische Stickstoffverbindung (Polysacharid), die vorwiegend im Skelett der Gliederfüßler, in geringen Mengen auch bei anderen Tieren sowie bei manchen Pilzen vorkommt.

Chlorophyll

Blattgrün, chemisch kompliziert aufgebauter Farbstoff der grünen Pflanzen, der der Übertragung der Lichtenergie dient und damit eine große Rolle bei der Photosynthese spielt. Das Chlorophyll kommt in den sogenannten Chlorophyllkörnern oder Chloroplasten vor, wo es in den Grana konzentriert ist.

Dickenwachstum, sekundäres

sekundäre Bildung von zusätzlichem Leitungs- und Festigungsgewebe bei höheren Pflanzen, das vor allem einem besseren Wasser- und Nährstofftransport dient. Das sekundäre Dickenwachstum erfolgt durch ein spezielles Bildungsgewebe, das Kambium, von dem nach innen Holz und nach außen Bast oder sekundäre Rinde abgeschieden wird. Das sekundäre Dickenwachstum verläuft in unterschiedlichen Formen bei den Nadelbäumen, den einkeimblättrigen und den zweikeimblättrigen Pflanzen.

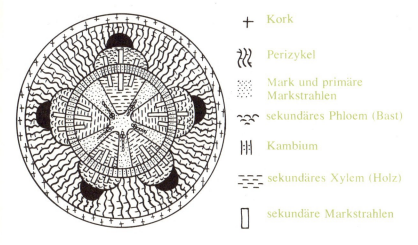

+   Kork

   Perizykel

   Mark und primäre Markstrahlen

   sekundäres Phloem (Bast)

   Kambium

   sekundäres Xylem (Holz)

   sekundäre Markstrahlen

Dornen

zu unverzweigten oder verzweigten, starren, spitzen Gebilden umgewandelte Organe von Pflanzen. Je nach dem Ausgangsorgan unterscheidet man Sproßdornen, Blattdornen, Nebenblattdornen, Wurzeldornen und andere. Dornen sind besonders häufig bei Pflanzen in Trockengebieten, sie dienen aber auch als Schutz gegen Tierfraß und zum Festhalten bei Kletterpflanzen.

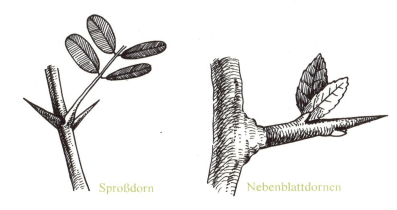

Sproßdorn   Nebenblattdornen

einhäusig

Vorkommen von eingeschlechtigen, männlichen und weiblichen Blüten auf ein und derselben Pflanze. Das schließt zwar Selbstbestäubung aus, läßt aber Nachbarbestäubung noch zu.

einjährig

Pflanzen mit einjährigem Lebenszyklus. Der Zeitraum von der Samenkeimung bis zur neuen Samenbildung umfaßt maximal ein Jahr, und die Überdauerung der ungünstigen Jahreszeit erfolgt nur durch die Samen.

Endemit

Pflanze oder Pflanzengruppe, die nur in einem relativ kleinen, eng begrenzten Gebiet vorkommt. Man kennt endemische Arten, Gattungen, Familien usw.

Enzym

früher Ferment, Biokatalysator, ein von der lebenden Zelle gebildeter Wirkstoff, der chemische Umsetzungen ermöglicht oder beschleunigt und unverändert aus der Reaktion wieder hervorgeht. Enzyme sind zusammengesetzte Eiweiße, von denen in einer Zelle sehr viele vorhanden sind, da sie alle Stoffwechselvorgänge regulieren. Sie sind sehr unterschiedlich aufgebaut und zeichnen sich durch eine große Substratspezifität, d. h. die Wirkung auf nur eine chemische Umsetzung, aus.

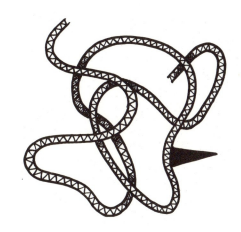

fertil
fruchtbar, zur Fortpflanzung fähig

Filament
Staubfaden, siehe Blüte

Flora
Gesamtheit des Bestandes an Pflanzenarten in einem bestimmten
Gebiet der Erde oder während eines geologischen Zeitraumes.

fossil
Bezeichnung für Organismen, die aus früheren geologischen
Zeiträumen stammen und als Versteinerungen, Abdrücke usw.
erhalten geblieben sind.

Fruchtblätter
die den Fruchtknoten bildenden weiblichen Teile der Blüte,
welche die Samenanlagen tragen, siehe Blüte

Fruchtknoten
siehe Blüte

Generationswechsel
regelmäßiger Wechsel zwischen geschlechtlicher und un-
geschlechtlicher Fortpflanzung, der besonders deutlich bei den
Sporenpflanzen in Erscheinung tritt. Bei diesen Pflanzen wech-
seln der ungeschlechtliche Sporen hervorbringende Sporophyt
und der die Geschlechtszellen (Gameten) tragende Gametophyt
miteinander. Dieser Wechsel ist in der Regel mit einem Wechsel
der Chromosomenzahl verbunden. Typisch ist der Generationswechsel der Farnpflanzen, bei denen auf dem Sporophyten, der
eigentlichen Farnpflanze, Sporen gebildet werden, aus denen der
Gametophyt, der Vorkeim oder das Prothallium, mit den Geschlechtszellen hervorgeht. Nach der Befruchtung entwickelt
sich aus der Zygote ein neuer Sporophyt. Durch Reduktion des
Gametophyten ist der Generationswechsel bei den Blütenpflanzen undeutlich geworden.

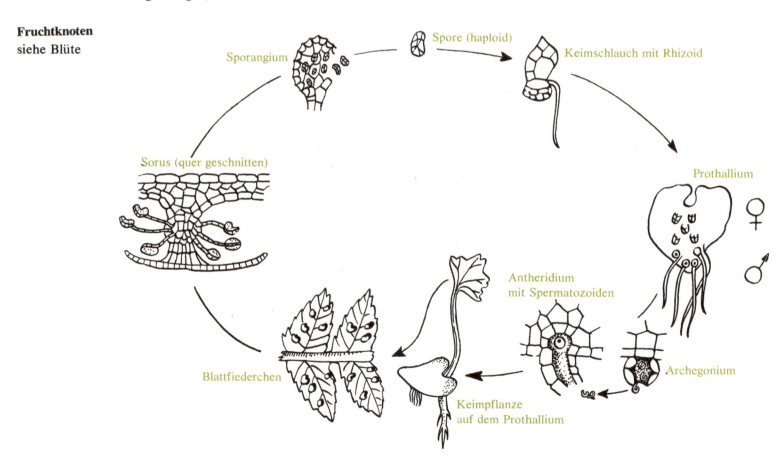

Sporangium

Spore (haploid)

Keimschlauch mit Rhizoid

Sorus (quer geschnitten)

Prothallium

Antheridium
mit Spermatozoiden

Archegonium

Blattfiederchen

Keimpflanze
auf dem Prothallium

Griffel
siehe Blüte

Halbschmarotzer
z. T. autotroph, z. T. heterotroph lebende Pflanzen, die bestimmte Stoffe, vor allem Wasser und Mineralstoffe, ihren Wirtspflanzen entnehmen, mit denen sie meist durch die Wurzeln verbunden sind. Da sie in der Regel zur Assimilation fähig sind, haben die Halbschmarotzer grüne Blätter. Beispiele sind Mistel, Augentrost, Wachtelweizen und Klappertopf.

Haustorien
Saugorgane parasitischer oder halbparasitischer Pflanzen, die in das Leitungsgewebe der Wirtspflanzen eindringen und daraus Nährstoffe und Wasser entnehmen. Meistens sind es umgewandelte Wurzeln oder Wurzelteile.

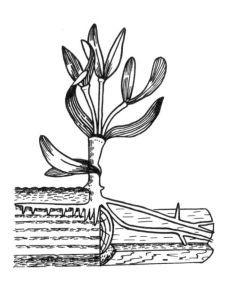

heterotroph
Als heterotroph bezeichnet man Organismen, die auf die Aufnahme organischer Stoffe von anderen Organismen angewiesen sind, da sie diese Stoffe nicht selbst produzieren können. Zu den heterotrophen Organismen gehören die Tiere sowie die meisten nichtgrünen Pflanzen (Pilze, Vollschmarotzer u. a.). Gegensatz: autotroph

Hexenbesen
durch parasitische Pilze, z. B. der Gattung *Taphrina,* hervorgerufene Krankheit, bei der die Zweige besenartig werden und dichtgedrängt in nestartigen Büschen stehen.

Hexenring
ringförmige Anordnung der Fruchtkörper von Pilzen, meistens um einen Baum. Die Bildung von Hexenringen erfolgt dadurch, daß das Myzel ringförmig nach außen wächst, während die inneren Teile absterben.

Humus

organische Substanz aus toten, sich zersetzenden Resten von
Pflanzen, Tieren und Mikroorganismen, die dem Boden die
charakteristische Farbe verleiht. Im Humus verlaufen komplizierte biochemische Umbildungsprozesse, und er spielt eine
große Rolle bei der Bodenfruchtbarkeit. Je nach dem Ausgangs-
material und dem Zersetzungsgrad unterscheidet man mehrere
Humusformen, z. B. Rohhumus, Moder und Mull.

Jahresringe

jahreszeitlich bedingte Zonen unterschiedlichen Dickenwachstums bei Bäumen. Im Frühjahr, wenn das rasche Wachstum der Blätter eine starke Wasserleitung erfordert, werden von
den Bäumen die großen Zellen des weichen Frühholzes gebildet.
Später werden die Zellen immer kleiner, so daß das härtere
Spätholz entsteht, auf das nach dem winterlichen Wachstums-
stillstand durch eine scharfe Grenze getrennt wieder Frühholz
folgt. Anhand der Jahresringe läßt sich das Alter von Bäumen
genau feststellen.

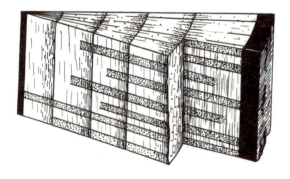

Kauliflorie

Stammblütigkeit, bei der sich Blüten und Früchte direkt an
verholzten Stämmen oder stärkeren Zweigen entwickeln.

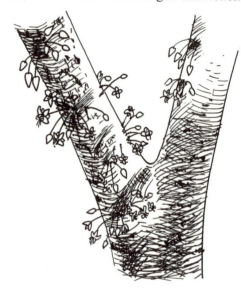

Kopula

Begattung, Übertragung der männlichen Geschlechtszellen in die
weiblichen Geschlechtswege.

Kosmopolit

Pflanzenart, die über die gesamte Erde verbreitet ist oder deren
Areal sehr große Teile der Erde umfaßt.

Kutikula

aus Kutin, einer weitgehend wasser- und gasundurchlässigen,
wachsartigen Substanz bestehende Schicht auf der Oberhaut der
Pflanzen. Die Kutikula dient vor allem als Schutz vor Wasserver-
lusten und ist deshalb bei vielen Trockenpflanzen besonders
dick.

Lebensform

durch gleichartige Anpassung an die Umwelt, z. B. im Wuchs oder in den Überdauerungsorganen, geprägte Pflanzenformen, die verschiedenen verwandtschaftlichen Gruppen angehören können. Die Sproßpflanzen kann man in fünf Lebensformen einteilen, und zwar die Luftpflanzen (Phanerophyten) mit den Bäumen und Sträuchern, den Schlinggewächsen und Epiphyten, die Zwergsträucher (Chamaephyten), die Oberflächenpflanzen (Hemikryptophyten), die Erdpflanzen (Geophyten) und die Einjährigen (Therophyten).

mehrjährig

eine zur Entwicklung mehrere Jahre benötigende Pflanze, die nur einmal blüht und nach der Blüte abstirbt, mehrfach blühende Pflanzen werden im Unterschied dazu als ausdauernd bezeichnet.

Myzel

Pilzgeflecht, Gesamtheit der Pilzfäden (Hyphen). Das Myzel wächst vor allem unterirdisch, und aus ihm erheben sich die Fruchtkörper, die bekannten Schwämme, über die Oberfläche des Bodens.

Narbe

siehe Blüte

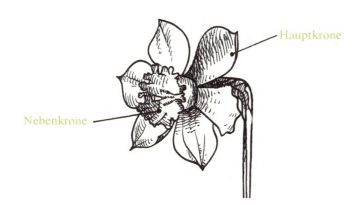

Hauptkrone

Nebenkrone

Nebenkrone

kronblattartige Bildung zwischen den inneren Kronblättern und den Staubblättern, die bei manchen Blüten auftritt und der Verstärkung der Schauwirkung dient. Nebenkronen sind vor allem bei vielen Zierpflanzen zu finden.

Nektar

in der Hauptsache von den Nektarien in der Blüte, manchmal aber auch von anderen Pflanzenorganen abgeschiedene wäßrige Lösung verschiedener Zucker und anderer Stoffe, besonders Duftstoffe, die der Anlockung der bestäubenden Tiere dient.

Nektarien

Drüsenflächen oder Drüsenhaare im Bereich der Blüte, die den Nektar absondern; siehe Blüte. Bei den einfachen Blüten liegen die Nektarien relativ frei und sind den Bestäubern leicht zugänglich, bei abgeleiteten Blüten haben die Bestäuber einen oft komplizierten Weg zu den Nektarien zurückzulegen, wodurch die Bestäubung sicherer wird.

Nomenklatur, binäre

von Carl von Linné entwickelte und in seinem Werk «Species plantarum» 1753 erstmals angewandte Methode der wissenschaftlichen Pflanzenbenennung. Danach besteht der Name jeder Pflanzenart aus zwei Teilen, dem großgeschriebenen Gattungsnamen und dem kleingeschriebenen Artnamen, z. B. *Tilia platyphyllos* – Sommer-Linde, *Tilia cordata* – Winter-Linde. Für die wissenschaftliche Benennung von Pflanzen gelten heute internationale Regeln.

Ökologie

Lehre vom Haushalt der Natur. Die Ökologie erforscht die Wechselbeziehungen zwischen dem einzelnen Organismus oder Organismengruppen und der Gesamtheit der belebten und unbelebten Umweltfaktoren.

Paläobotanik

Lehre von den Pflanzen vergangener geologischer Zeitalter. Der Hauptgegenstand der Paläobotanik sind die fossilen Pflanzen.

Parasit

Schmarotzer, Organismen, die auf oder in anderen Organismen leben und diesen Nährstoffe entziehen, ohne dem Wirt einen Nutzen zu bieten. Parasitische Pflanzen sind vor allem an den reduzierten Blättern und am Fehlen von Chlorophyll erkennbar. Bei den höheren Pflanzen, die meist über Haustorien mit dem Wirt in Verbindung treten, unterscheidet man Sproßparasiten wie die Seide oder den Teufelszwirn *(Cuscuta)* und Wurzelparasiten wie die Sommerwurz *(Orobanche)*.

Perigon

aus einheitlichen Blättern (Petalen), nicht in Kelch und Krone gegliederte Blütenhülle. Das Perigon kann kronartig bunt wie bei der Tulpe *(Tulipa)* oder kelchartig grün wie bei der Brennessel *(Urtica)* sein.

Petalen

Kronblätter, siehe Blüte

Photosynthese

wichtigster Grundvorgang des Lebens, Aufbau von Kohlenhydraten aus dem Kohlendioxid der Luft und dem Wasser des Bodens mit Hilfe des Chlorophylls und unter Ausnutzung der Lichtenergie, zu dem nur die grünen Pflanzen fähig sind. Die Photosynthese verläuft nach der allgemeinen Formel
$$6CO_2 + 6H_2O + \text{Lichtenergie} \rightarrow C_6H_{12}O_6 + 6O_2.$$
Sie gliedert sich in drei Teilabschnitte, und zwar die Energieaufnahme durch die Lichtabsorption des Chlorophylls, die lichtbedingte Spaltung des Wassers mit der Freisetzung des Sauerstoffs sowie die Bindung und Reduktion des Kohlendioxids zum Traubenzucker. Dabei produziert 1 m² Blattfläche stündlich etwa 1 g Zucker, wodurch jährlich von allen grünen Pflanzen etwa 100 Milliarden Tonnen Kohlenstoff gebunden werden. Das entspricht dem Hundertfachen der Weltkohleförderung.

Pollen

Blütenstaub, siehe Blüte

Pollinium

auch Pollinarium, durch Pollenkitt verklebte Pollenmasse, die bei der Bestäubung als Einheit übertragen wird. Pollinien werden vor allen Dingen bei den Orchideen, aber auch in anderen Pflanzenfamilien gebildet.

rezent

in der Jetztzeit lebend; Gegensatz: fossil

Rhizom

Wurzelstock, unterirdischer, oft mehr oder weniger verdickter Teil der Sproßachse, der sich durch die Gliederung und schuppenartige Niederblätter von der Wurzel unterscheidet. Rhizome dienen als Speicher- und Überdauerungsorgane sowie der vegetativen Vermehrung.

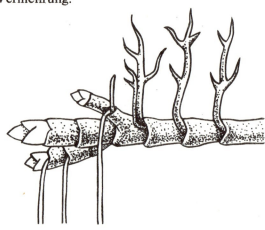

Samenanlage

von den Fruchtblättern gebildetes weibliches Fortpflanzungsorgan der Samenpflanzen; siehe Blüte

1   2

Saprophyten

Fäulnisbewohner, heterotrophe Pflanzen, die auf toter organischer Substanz leben und sich von dieser ernähren. Zu den Saprophyten gehören viele Bakterien und Pilze, die durch Fäulnis und Verwesung eine wichtige Voraussetzung für manche Stoffkreisläufe (Kohlenstoffkreislauf, Stickstoffkreislauf u. a.) darstellen.

Schmarotzer

siehe Parasit

Sepalen

Kelchblätter; siehe Blüte

Spaltöffnungen

vorwiegend auf der Blattunterseite, aber auch an anderen grünen Pflanzenorganen angeordnete Öffnungen in der Oberhaut der Pflanzen, die dem Gasaustausch zwischen der Pflanze und der Luft dienen, d. h., durch die Wasserdampf und Sauerstoff abgegeben werden und Kohlendioxid aufgenommen wird. Die Spaltöffnungen bestehen aus zwei chlorophyllhaltigen Schließzellen, zwischen denen sich der Zentralspalt befindet, und den angrenzenden, in der Regel nichtgrünen Nebenzellen. Auf 1 cm² Blattfläche können sich bis zu 700 Spaltöffnungen befinden, die sich durch Turgorbewegungen öffnen und schließen.

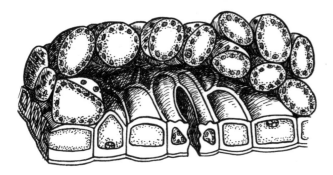

Sporen

Keimzellen, die der ungeschlechtlichen Fortpflanzung dienen und sich ohne Befruchtung weiterentwickeln. Ihre Bildung erfolgt meist in besonderen Behältern, den Sporangien, die sich oft auf oder an speziellen, von den assimilierenden unterschiedenen Blättern, den Sporophyllen, befinden. Bei manchen Gewächsen, wie den Farnen mit geschlechtlich differenziertem Vorkeim, können die Sporen in männliche Androsporen und weibliche Gynosporen differenziert sein, aus denen dann die unterschiedlichen Gametophyten (siehe Generationswechsel) hervorgehen.

Sporophyll

siehe Sporen

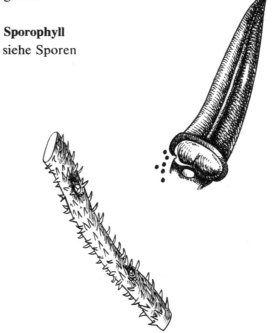

Stacheln

zu spitzen, kräftigen Gebilden umgewandelte Auswüchse der oberen Zellschichten oder nur der Oberhaut der Pflanzen. Im Gegensatz dazu sind Dornen umgewandelte Pflanzenorgane.

Staubblätter

siehe Blüte

steril

unfruchtbar, nicht zur Fortpflanzung fähig

Stoffkreislauf

Alle in die lebenden Organismen aufgenommenen Stoffe durchlaufen bestimmte, oft recht komplizierte Kreisläufe, in die neben den verschiedenen Organismen auch Wasser, Luft und Boden einbezogen sind. Die Kreisläufe gliedern sich im wesentlichen in zwei Abschnitte. Von den autotrophen grünen Pflanzen werden die organischen Substanzen aufgebaut, nach verschiedenen Umbauprozessen werden sie durch Fäulnis und Verwesung von den heterotrophen Lebewesen wieder zu anorganischen Stoffen abgebaut. Bekannte Stoffkreisläufe sind der des Kohlenstoffs, des Stickstoffs u. a.

Sukkulente

in Anpassung an besonders trockene Standorte entstandene Pflanzen, die in umgebildeten Organen größere Mengen Wasser speichern können. Die Sukkulenz ist meist mit anderen Anpassungen zum Verdunstungsschutz, wie Reduktion der Blätter, Annäherung an die Kugelform und filzige Behaarung, verbunden. In der Hauptsache unterscheidet man Blattsukkulente wie Dickblatt, Aloe und Agave sowie Stammsukkulente wie die Kakteen und verschiedene Wolfsmilchgewächse.

Symbiose

Vergesellschaftung artverschiedener Organismen zum gegenseitigen Nutzen, die oft so eng sein kann, daß beide Partner als Einheit erscheinen. Ein Beispiel dafür sind die aus Pilzen und Algen bestehenden Flechten. Bei der Mykorhiza handelt es sich um eine Symbiose zwischen Pilzen und höheren Pflanzen, vor allem Bäumen, im Wurzelbereich, wodurch bestimmte Pilzarten in der Nähe bestimmter Bäume wachsen (Birkenpilz – Birke, Butterpilz – Kiefer). Man kann die Symbiose auch als wechselseitigen Parasitismus betrachten.

Träufelspitze

vor allem bei Pflanzen in tropischen Regengebieten auftretende, lang ausgezogene und verstärkte Blattspitze, die das Ablaufen des Wassers bei starken Regenfällen erleichtert und dadurch die Blätter vor Verletzungen bewahrt.

Turgor

auf dem Druck des Zellinhaltes auf die Zellwand beruhender Spannungszustand der Zelle, der bei einer ausgeglichenen Wasserbilanz der Festigung des Pflanzenkörpers dient. Wassermangel setzt den Turgor herab, was zum Erschlaffen und Welken der Pflanzenteile führt. Auf dem unterschiedlichen Turgor in den Schließzellen beruht das Öffnen und Schließen der Spaltöffnungen.

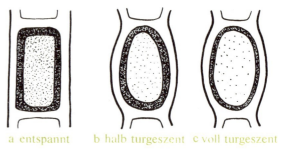

a entspannt   b halb turgeszent   c voll turgeszent

Vegetation

durch Wechselwirkung zwischen Umwelt und Artenbestand entstandene Pflanzendecke der Erde oder eines Gebietes; Gesamtheit der Pflanzengesellschaften.

Virus

winzige, aus Eiweißkörpern (Nukleoproteiden) bestehende Teilchen von unterschiedlicher Form und verschiedenem Aufbau. In lebenden Zellen zeigen sie Lebensfunktionen und vermehren sich, andererseits sind sie kristallisierbar. Damit stehen sie an der Grenze zwischen lebender und unbelebter Materie. Zu den Viren gehören wichtige Krankheitserreger bei Mensch, Tier und Pflanze, z. B. der Pocken, der Grippe, der Tollwut, der Maul- und Klauenseuche und des Tabakmosaiks.

zweihäusig

Vorkommen von eingeschlechtigen, männlichen oder weiblichen Blüten auf verschiedenen Pflanzen. Damit ist nur Fremdbestäubung möglich.

Zygote

befruchtete Eizelle

Verzeichnis der Pflanzennamen

Normal gesetzte Zahlen geben die Seiten an,
die fettgedruckten entsprechen den Abbildungs-
nummern

Backeberg, C.: Das Kakteenlexikon. Jena 1966

Backeberg, C.: Stachlige Wildnis. Neudamm 1943

Backeberg, C.: Wunderwelt Kakteen. Jena 1961

Bauer, H.: Der grüne Ozean. Leipzig 1963

Brehm, A.: Eine Reise nach Westsibirien. In: Zwischen Äquator und Nordkap. Leipzig 1959

Daber, R.: E. F. von Schlotheim und der Beginn der wissenschaftlichen Fragestellung in der Paläobotanik vor 150 Jahren. In: Wissenschaftl. Zeitschrift der Humboldt-Universität zu Berlin. Math.-Nat. Reihe XIX (1970), Heft 2/3

Danesch, E. und O.: Orchideen Europas − Südeuropa. Bern 1969

Ebel, F. und O. Birnbaum: Schöne und seltsame Welt der Orchideen. Leipzig 1971

Encke, F.: Pareys Blumengärtnerei. 2 Bände, 2. Auflage, Hamburg 1958−1960

Esdorn, J.: Die Nutzpflanzen der Tropen und Subtropen. Stuttgart 1961

Franke, G.: Nutzpflanzen der Tropen und Subtropen. 2 Bände, Leipzig 1967

Gothan, W. und H. Weyland: Lehrbuch der Paläobotanik. 3. Aufl., Berlin 1973

Graf, A. B.: Exotica 3. Rutherford 1963

Haeckel, E.: Tropenfahrten. Leipzig 1969

Hueck, K.: Die Wälder Südamerikas. Jena 1966

Humboldt, A. v. und A. Bonpland: Ideen zu einer Geographie der Pflanzen, nebst einem Naturgemälde der Tropenländer. Tübingen 1807

Humboldt, A. v., und A. Bonpland: Reise in die Aequinoctial-Gegenden des neuen Continents. Stuttgart 1860

Jacobsen, H.: Das Sukkulentenlexikon. Jena 1970

Kammeyer, H. F.: Die schönen Zaubernüsse. Lutherstadt Wittenberg 1957

Kammeyer, H. F.: Mammutbäume. Lutherstadt Wittenberg 1960

Kirchner, O.: Blumen und Insekten. Leipzig 1911

Knapp, R.: Die Vegetation von Afrika. Stuttgart 1973

Knapp, R.: Die Vegetation von Nord- und Mittelamerika. Stuttgart 1965

Kugler, H.: Blütenökologie. Jena 1970

Lepper, L.: Blüten, Blumen und Bestäubung. Leipzig 1973

Mägdefrau, K.: Paläobiologie der Pflanzen. 4. Aufl., Jena 1968

Marzell, H.: Zauberpflanzen-Hexenpflanzen. Stuttgart 1963

Meusel, H., E. Jäger und E. Weinert: Vergleichende Chorologie der Zentraleuropäischen Flora. 2 Bände, Jena 1965

Mitteilungen des Arbeitskreises zur Beobachtung und zum Schutz heimischer Orchideen. Hefte 5/1969 und 6/1970, Halle

Napp-Zinn, K.: Mißbildungen im Pflanzenreich. Stuttgart 1959

Olberg, G.: Blüte und Insekt. Lutherstadt Wittenberg 1951

Poeppig, E.: Reise in Chile und Peru und auf dem Amazonenstrom in den Jahren 1828−32. Leipzig 1935

Poeppig, E.: Tropenvegetation und Tropenmenschen. Leipzig 1965

Polunin, C., und A. Huxley: Blumen am Mittelmeer. München 1968

Rauh, W.: Bromelien. 2 Bände, Stuttgart 1969−1973

Rauh, W.: Die großartige Welt der Sukkulenten. Hamburg 1967

Reinbothe, H.: Das pflanzliche Geheimnis. Leipzig 1970

Reisigl, H.: Blumenparadiese der Welt. Frankf./Main 1964

Richter, W.: Blüten aus Tropenfernen. Radebeul 1953

Richter, W.: ... die schönsten aber sind Orchideen. 4. Aufl., Radebeul 1970

Richter, W.: Zimmerpflanzen von heute und morgen: Bromeliaceen. Radebeul 1962

Rothmar, W.: Exkursionsflora, Gefäßpflanzen. Berlin 1972

Schlechter, R.: Die Orchideen, ihre Beschreibung, Kultur und Züchtung. 2. Aufl., Berlin 1927

Schmidt, G.: Vegetationsgeographie auf ökologisch-soziologischer Grundlage. Leipzig 1969

Schröder, R.: Wirtschaftspflanzen der warmen Zonen. Stuttgart 1961

Schubert, R.: Pflanzengeographie. Berlin 1966

Schulz, B.: Fleischfressende Pflanzen. Lutherstadt Wittenberg 1965

Bildnachweis

Takhtajan, A.: Evolution und Ausbreitung der Blütenpflanzen. Jena 1973

Urania-Pflanzenreich – Höhere Pflanzen. Band 1, Leipzig 1971

Vogel, G. und H. Angermann: dtv-Atlas zur Biologie. München 1967

Vent, W.: Nutzpflanzen fremder Länder. Berlin 1967

Vöth, W.: Salep im türkischen Speiseeis. In: Die Orchidee, XIV (1973), Heft 1

Wagner, J.: Die Königin der Seerosen. Lutherstadt Wittenberg 1956

Walter, H.: Die Vegetation der Erde in ökologischer Betrachtung. 2 Bände, Jena 1962–1968

Walter, H.: Vegetationszonen und Klima. Stuttgart 1970

Warburg, O.: Die Pflanzenwelt. 3 Bände, Leipzig 1913–1922

Wisniewski, N.: Zur früheren und gegenwärtigen Verbreitung einiger Orchideenarten in der DDR. In: Archiv für Naturschutz und Landschaftsforschung, Band 9 (1969), Heft 3/4, Berlin

Zander, R.: Handwörterbuch der Pflanzennamen. 10. Aufl., Stuttgart 1972

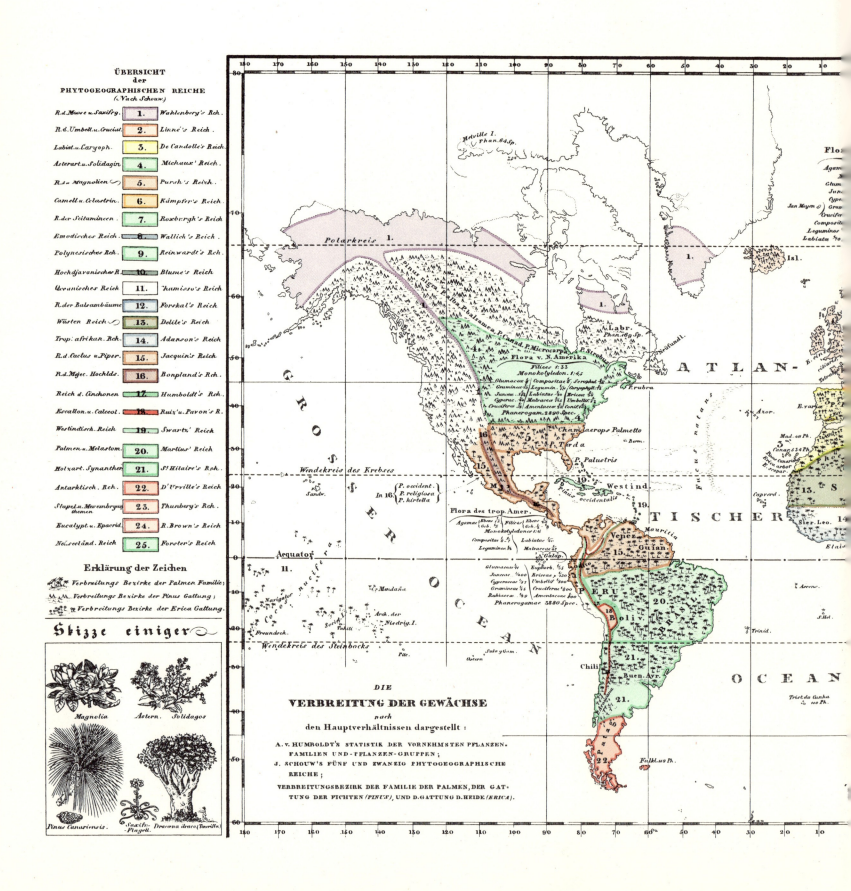

DIE
VERBREITUNG DER GEWÄCHSE
nach
den Hauptverhältnissen dargestellt: